Gertrud Kendel

Volkstanz und Tanzlied der Schwaben

Gertrud Kendel

Volkstanz und Tanzlied der Schwaben

Bildbeiträge von Manfred Stingel

Herausgegeben vom Schwäbischen Kulturarchiv des Schwäbischen Albvereins

1999

Impressum

Herausgegeben vom
Schwäbischen Kulturarchiv des Schwäbischen Albvereins im Haus der Volkskunst
Volkstanzgruppe Frommern, Ebingerstr. 56 72336 Balingen Fax 07433 381209 e-mail: schka@t-online.de
Tel. 07433 4353
Verlag des Schwäbischen Albvereins e.V. 70174 Stuttgart

Erscheinungsjahr: 1999

ISBN-Nr. 3-920801-46-6
e-mail: schka@t-online.de

Layout: Manfred Stingel

Titelbild: David Brentel - Tanzende Bauern unter der Linde, 1588 datiert. Miniatur im Stammbuch des Anton Weihenmayer, Bürgermeister von Lauingen / Donau (1563 Lauingen - 1633 Ulm), mit persönlichem Eintrag Brentels: *„Das hab ich David Brentell, Mahler, hier Ein gemalt und geschrieben Meinem gutten geselen vnd freind Antton Weyenmayr dar bey Meiner zum Besten gedenckhen.“*
Blattgröße 14 x 9,5 cm. Germanisches Nationalmuseum, Nürnberg. Hs 123725.
Foto: Germanisches Nationalmuseum.

Gestaltung der Titelseite: Jürgen Bialek und Manfred Stingel
Druck: Druck und Verlagshaus Hermann Daniel GmbH & Co. Kommanditgesellschaft
Gestaltung: Manfred Stingel

Vorwort

Frau Gertrud Kendel hat für Ihre wissenschaftliche Zulassungsarbeit zur „künstlerischen Prüfung für das Lehramt an höheren Schulen, Fachrichtung Musikerziehung“ im Jahr 1958 ein wichtiges Nachschlagwerk geschaffen, das bisher nur Wenigen zur Verfügung stand. Sie hat mit sehr großem Fleiß unglaublich viel Material und Quellen zusammengetragen.

Der erste Teil der Arbeit, der hier im Band 1 mit dem Titel **„Volkstanz und Tanzlied der Schwaben“** vorgestellt wird, zeigt die Zusammenhänge zwischen überliefertem Brauchtum und Tanz auf.
Tanz und Gesang gehörten früher zum Jahreslauf und hatten ihren festen Platz bei Fest und Feier.
Der 2. Teil der Arbeit mit dem Titel **„Ton und Tanz“** wird im Frühjahr 2000 erscheinen.

Warum drucken wir 1999 ein Buch das bereits 1958, also vor mehr als 40 Jahren, geschrieben wurde?
Die damalige Arbeit enthält wichtige Informationen über unsere schwäbische Kulturgeschichte.
Natürlich gibt es zwischenzeitlich wissenschaftliche Erkenntnisse, die manches anders beleuchten. Wir haben diese Arbeit im wesentlichen unverändert gelassen, da wir sie für einen wichtigen Diskussionsbeitrag halten.

Die von Frau Kendel angeführten Tänze, Bräuche und Beispiele durch Bilder zu belegen und zu ergänzen hat mir sehr viel Freude gemacht. Ich danke allen die mir dabei geholfen haben. Manche Bilder sind „romantisiert“ dargestellt. Sie enthalten aber trotzdem sehr viele Informationen über Festabläufe, Sitten und Bräuche.

Viele Schwaben haben eine tiefgreifende Störung zu ihrer eigenen hier gewachsenen schwäbischen Kultur.
Als Leiter von 40 Gastspielreisen in 25 Länder und Betreuer von über 80 ausländischen Tanz- und Musikgruppen, die bei uns in Frommern zu Gast waren, ist mir diese Tatsache sehr bewußt geworden.
Wir Schwaben haben sehr viel von unserer Identität verloren.

In unserem großen Europa werden die Regionen mit ihrer kulturellen Vielfalt wieder wichtiger. Im Gegensatz zu uns pflegen viele europäische Provinzen ihre Traditionen sehr und sind stolz auf ihre eigenständige Kultur.

Das Bedürfnis der Menschen nach Tanz, Gesang und Musik, also nach Gemeinschaftserlebnissen, ist auch bei uns ohne Zweifel vorhanden.
Viele Menschen empfinden, daß Fernsehsendungen wie „Musikantenstadl“ und dergleichen im Fernsehen, von „Playbackakrobaten“ perfekt „vorgegaukelt“, ein überaus schwacher Ersatz für eigenes Tanzen, Singen und Musizieren sind.
Dieses Buch soll motivieren, sich mit schwäbischer Kultur zu beschäftigen und mithelfen, Wissenslücken zu schließen.

Siegfried Bachmann aus Sirchingen bei Urach hat einen wichtigen, ergänzenden Aufsatz über Herkunft und Einwanderung der Schwaben beigesteuert, wofür ich ihm herzlich danke.
Angemerkt sei, daß sein Buch **„Schwaben“** als *„Beitrag zur Hebung des schwäbischen Selbstbewußtseins und zur Förderung und Eingliederung von Fremden“* sehr lesenswert ist.

Frau Kendel danken wir herzlich für ihr Einverständnis zum Druck des Buches.
Herzlicher Dank gilt dem Württembergischen Sparkassen und Giroverbandverband, dem Land Baden-Württemberg/Regierungspräsidium Tübingen, sowie den Oberschwäbischen Elektrizitätswerken für Ihre finanzielle Unterstützung.
Ein herzliches Dankeschön auch an die Volkstanzgruppe Frommern. Sie hat die finanzielle Haftung für dieses Projekt des Schwäbischen Kulturarchives übernommen.

März 1999 Manfred Stingel

Volkstanz und Tanzlied der Schwaben

Wissenschaftliche Zulassungsarbeit
zur künstlerischen Prüfung
für das Lehramt an höheren Schulen
-Fachrichtung Musikerziehung-

Frühjahr 1958

vorgelegt von
Gertrud Kendel

Band I : Brauchtum und Volksglauben
Inhaltsübersicht

Kelten

Bereits vor 2.500 Jahren wurde bei uns in der Gegend eifrig getanzt. Dieses belegt eine Grabbeigabe „des Keltenfürsten von Hochdorf".

Abbildung 2

Keltische Schwerttänzer

1978 wurde in Hochdorf ein frühkeltisches Fürstengrab entdeckt und ausgegraben. Das Grab enthielt sehr schöne und reichhaltige Grabbeigaben. Eine der Besonderheiten ist eine „Kline" (Sitzmöbel) aus Bronze und Eisen. Die Rückenlehne dieser Kline ist reichhaltig verziert. Neben der Abbildung eines vierrädrigen Wagens mit Doppeljoch und zwei Hengsten finden sich drei Figurengruppen mit zwei sich zugewandten Schwerttänzern. Die einzelnen Figurengruppen sind durch Ringbuckel voneinander getrennt. Die Schwerttänzer haben lange herunterfallende Haare, sie sind ithypallisch dargestellt und tragen Bänder eines Gürtels oder Rockes. In der nach hinten gehaltenen Hand tragen sie ein Schwert mit lanzenförmigem Blatt und deutlichen Parierstangen. In der nach vorne gehaltenen Hand halte sie einen mit einer Stulpe den Unterarm bedeckenden Gegenstand.

Abbildung 3

Kline (Liege) aus Bronze und Eisen

Die Abbildungen 2 u. 3 sind vom Landesdenkmalamt Baden Württemberg. Der Text ist dem Katalog „Der Keltenfürst von Hochdorf", Seite 146 (Abb. 166 Kat.-Nr. 21) entnommen.

Vorwort

Der Umfang der folgenden Arbeit überschreitet den gesetzten Rahmen. Bei der Themenstellung überblickte ich zunächst das fragliche Gebiet nicht. Erst die Vorarbeiten - Literaturstudium, Gespräche mit führenden Persönlichkeiten auf dem Gebiet des Volkstanzes und der Volkstanzforschung und eigene praktische Arbeit - machten mir klar, daß eine Ausführung dieses Themas nur vom Musikalischen und Bewegungsmäßigen her, wie sie der 2. Teil meiner Arbeit bringt, zu einseitig wäre, daß ihr geradezu das Fundament fehle.

Daher versuche ich im l. Teil darzutun, wie eng Tanz und Lied ursprünglich mit Brauchtum, also mit dem Leben selbst verknüpft sind, wie der Tanz ursprünglich nicht Selbstzweck ist, sondern als Ausdrucksform einer echten Gemeinschaft hineingestellt war in größere Zusammenhänge.

Die Fülle des vorhandenen Materials - Musik, Texte und Tanzbeschreibungen - überraschte und beglückte mich.
Im 2. Teil der Arbeit handelt es sich im wesentlichen um Lieder und Varianten zu schon gedruckten schwäbischen Tänzen (Hinz-Horak, Deutsche Volkstänze, Heft 19 und 20; Georg Brenner, Heimattänze aus Württemberg). Außerdem werden Melodien, Texte und Tanzformen aus den angrenzenden Gebieten, vor allem aus dem gesamtalemannischen und dem bayrisch - österreichischen Raum zum Vergleich oder nur als Hinweis angeführt.

In einem späteren 3. Teil wäre auf die heutige Not vor allem auf dem Gebiet des Volkstanzes einzugehen. Dabei müßten näher untersucht werden die Ursachen des Niedergangs, die bisherigen Versuche zu dessen Behebung und etwaige Ansätze zur Erneuerung und Neuschöpfung.

Gertrud Kendel 1958

Tanzende Frauen von Gönnersdorf

Vor ca. 15.500 Jahren lebten in Gönnersdorf - Neuwied Pferdejäger. In den Jahren 1968 - 1976 wurde ein Basislager mit 3 großen Behausungen dieser Menschengruppe ausgegraben. 2 davon bewohnten sie 2 - 4 Monate lang während der Winterzeit. Eine Behausung wurde im Sommer bewohnt. Die Nutzung erfolgte über mehrere Jahre. Bei den Grabungen fand man dort über 400 Zeichnungen von Frauen auf Schieferplatten. Die Darstellungen von Frauen und Tieren gehören ins Magdalenien V; sie entsprechen den zeitgleichen Höhlenbildern des franko - kantabrischen Kulturkreises. Die große Zeit der Eiszeitjäger im zweiten Teil der letzten Kaltzeit (40.000 - 12.000 v. Chr.) ist vor allem durch die Funde von Gönnersdorf (Stadt Neuwied) und Andernach - Martinsberg dokumentiert. Unsere direkten Vorfahren (Homo sapiens sapiens) hatten eine neue Jagdwaffe (Speerschleuder) entwickelt und die Jagdmethoden verbessert. Damit war in der wildreichen Steppenlandschaft die wirtschaftliche Grundlage für die Entstehung grandioser Jägerkulturen geschaffen worden: Schmuck und Kunst legen hiervon Zeugnis ab.

Die Abbildungen 4 und 5

zeigen die wohl ältesten Tanzdarstellungen in Deutschland. Die Bilder sowie die Informationen stammen vom Museum für die Archäologie des Eiszeitalters im Schloß Monrepos in Neuwied.

Volkstanz und Tanzlied der Schwaben

Vom Wesen des Singens und Tanzens

Die Freude an der rhythmischen Bewegung ist etwas Urgegebenes. Daher wurde auch zu allen Zeiten die Freude als eine Quelle des Tanzens angesehen. Daneben aber gibt es Leichen- und Trauertänze, Tänze zur Abwehr böser Dämonen. Fruchtbarkeit und Gedeihen der Äcker knüpft man an tänzerische Bewegung. Wichtige Handlungen vollziehen sich im Tanz: Scheintötung und Wiedererstehen bei der Jünglingsweihe, Übergabe der Braut an den Bräutigam, Lösung von den Jugendgespielen und Aufnahme in die Gemeinschaft der Verheirateten oder Übergang von einer Sippe in die andere bei der Hochzeit.
Natürlich sind „die feinen, unbewußten Spannungen zwischen Männlein und Weiblein, die beim Tanz der Erwachsenen mit dazugehören und ihn wesentlich vom Kinderreigen unterscheiden," (Wolfram) nach wie vor ein Hauptgrund fürs Tanzen. Es gibt jedoch auch reine Mädchen oder Burschentänze, wobei die letzteren überwiegen.

Fast in allen Bezirken des Lebens begegnen wir also dem Tanz. Da aber - normalerweise - jeder Mensch auf andere angewiesen, also an die menschliche Gesellschaft gebunden ist, erfordert auch der Tanz eine Gemeinschaft, oder deutlicher gesagt, er ist eine Ausdrucksform einer Gemeinschaft.
Tanz und Lied entspringen einer gemeinsamen Wurzel, einer Urform aller Künste; z. B. vereinigte der Laich Gesang, Tanzbewegung und mimisches Spiel. Letzte Reste davon haben sich in den Kinderreigen erhalten. Auch deuten Singtänze und Tanzlieder noch auf die alten Beziehungen hin.
Tanzlieder sind also ursprünglich die zum Tanz und nicht die in Tanzpausen gesungenen Lieder. Zum echten Volkstanz wurde fast immer gesungen. Der Begriff taucht literarhistorisch zusammen mit „Volkslied" bei Herder auf. Ehemals „Tanz des Volkes", vor allem des Bauernvolkes, wird er heute vielfach nur noch von einzelnen Gruppen gepflegt.

Im Erkennen der ursprünglichen Zusammenhänge bemüht man sich in der heutigen Zeit wieder um die gemeinsame Pflege aller Künste; reger Austausch und allseitige Bildung sind das Ziel. Sehr deutlich wurde das z. B. bei den „Festlichen Tagen Deutscher Jugend" in Münster i. W. 1957: „Musik - Spiel - Tanz“ war dieses Fest überschrieben. Tausende haben mitgesungen, mitgespielt und mitgetanzt.

Daß gemeinsam gesungene Lieder eine Gruppe von gleichgesinnten Menschen zur Gemeinschaft führen können, haben wohl alle in Münster beim offenen Morgensingen jeden Tag empfunden; und umgekehrt zeigte der festliche Abschluß in der riesigen Münsterlandhalle, wie solche gemeinsam gelernten und gesungenen Lieder Ausdruck werden können für eine echte, lebendige Gemeinde.

Niemand wird jedoch bestreiten wollen, daß eine Gemeinschaft vor allem junger Leute durch gemeinsames Tanzen noch eine Steigerung erfährt. Erst wenn auch der Körper zu freiem Schwingen kommt, ist der Mensch in seiner Ganzheit erfaßt.
„Ich lobe den Tanz, denn er bindet Leib, Geist und Seele zur Einheit Mensch, bindet die vereinzelten Menschen neu zur Gemeinschaft, bindet die Gemeinschaft neu an Raum und Zeit“, sagt Georg Götsch[1] in seinem „Lob des Tanzes".

Was aber versteht man heute allgemein unter Tanz?
Ein Massengeschiebe ohne Form, ohne Maß, ohne Gemeinsamkeit. Nicht mehrere Paare wirken zusammen, jedes tanzt für sich allein.

Die alten Tanzformen sind Formen der Gemeinschaft: 2, 4, 6, 8 und mehr Paare stellen sich im Viereck, im Kreis oder in der Gasse auf. Daneben gibt es auch eine Fülle von Paartänzen, doch sind viele ihrer Figuren, im Gegensatz zum modernen Gesellschaftstanz, an einen bestimmten rhythmischen oder melodischen Ablauf gekettet; daher oft Gleichzeitigkeit der Bewegungen bei allen Paaren. Sie tanzen außerdem auf der Kreisbahn, also ist wenigstens äußerlich die alte Form des geschlossenen Kreises noch gewahrt.

Die Gruppentänze überwiegen im nördlichen Europa, während im mittleren Teil mehr die Paartänze beheimatet sind. In Deutschland bildet der Main etwa die Grenzlinie. Die einzelnen Stämme besitzen und bevorzugen also ein bestimmtes Tanz- und Liedgut, das je nach Wesen und Eigenart geprägt ist.

[1] Alte Kontratänze, Wolfenbüttel 1952, 14

Von der schwäbischen Eigenart

Der Name Schwaben rührt her von Sueben = Sweben, einem germanischen Stammesverband an der oberen Elbe und an den Havelseen. Über das Verhältnis Schwaben - Alemannen gehen die Ansichten auseinander. In „Der Zwiebelturm“[1] fand ich: „Diese (Semnonen, ein Teilstamm der suebischen Stammesgemeinschaft) umwohnten an der mittleren Elbe als eine Art Seitenstück zur delphischen Amphiktyonie ein gemeinsames Zentralheiligtum und verdankten diesem „alah“ d.h. Heiligtum, Tempel, ihre Umtaufe in Alamannen, d.h. Mannen des Heiligtums". Es waren allem Anschein nach gerade die Alamannen, bei denen sich das Bewußtsein des Suebentums über das Verklingen des Semnonennamens und über das Aufklingen des Alamannennamens hinaus zu behaupten vermochte, während es z.B. bei den Markomannen und Baiern (Stamm) völlig erlosch ... Der alte Sueben- bzw. Schwabenname war nebenhergelaufen. Er wurde aufgegriffen, um für den Verlust des Alamannennamens an ein größeres Ganzes vollgültigen Ersatz zu schaffen.“
(Die Westfranken nannten nämlich das anschliessende östliche Nachbarreich nicht nach dessen gemeinsamer Sprache, also thiudisk = deutsch, sondern nur nach einem der beiden angrenzenden, in der Mundart verschiedenen Stämme: Sie entschieden sich natürlich für Alamannen und nicht für Franken.) „So wurden sie selbst zu den Schwaben schlechtweg und ihr Herzogtum Alemannien zum Herzogtum Schwaben“.

Gebiet des einstigen Herzogtums Schwaben

Unser zu behandelndes Gebiet umfaßt das Württemberger Land zwischen Schwäbisch Hall-Hohenlohe und Bodensee, Bayrisch-Schwaben bis zum Lech, das Ries um Nördlingen, den Schwarzwald, ferner die von Schwaben besiedelten Landstriche Ungarns und Polens.

[1] Regensburg, 10. Jg. 1955, 11

Abbildung 6

Gefangene Sweben

Ausschnitt aus den Reliefdarstellungen der Markussäule in Rom, 2. Jahrhundert n. Chr.
Bild: Vorgeschichte der deutschen Stämme Prof. Dr. Hans Reinerth.

Abbildung 7

Schwabenschädel mit Haarknoten

1948 wurde im Köhlmoor bei Osterby der Schädel eines Mannes gefunden. Er lebte im 1. oder 2. Jahrhundert n. Chr. Sein Haar war in einen Knoten geschlagen. Der Kopf des ca. 60jährigen Mannes war in einen Schulterkragen aus Rehfellen eingewickelt worden. Man hatte den Mann enthauptet; die linke Seite des Schädels war mit einem stumpfen Gegenstand eingeschlagen worden.
Stiftung Schleswig - Holsteinischer Landesmuseen
Schloß Gottorf - Archäologisches Landesmuseum.
Anmerkungen: Dr. Michael Gebühr.

Es ist eine Eigentümlichkeit der Sueben, das Haar seitwärts zu kämmen und zu einem Knoten zusammenzuschlingen. Dadurch unterscheiden sie sich von den anderen Germanen, dadurch die Freigeborenen von den Sklaven.
Tacitus, Germania cap. 38

Abbildung 8

Haarknoten

So wurde damals der Haarknoten gebunden.
Schlabow„Offa“ 1949

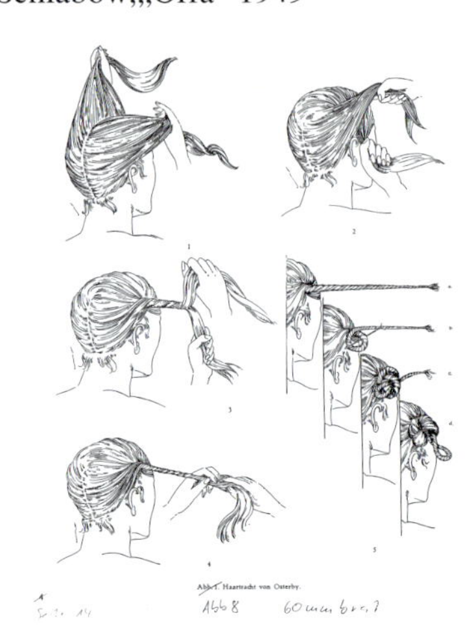

Schwaben - Allemannen

Ein Aufsatz von Siegfried Bachmann zur Ergänzung und Vertiefung.

"Schwaben" und "Allemannen" sind zwei Namen für den gleichen germanischen Völkerverband. "Allemannen" ist die deutsche Bedeutung des von den Römern in lateinischer Form überlieferten Namens ALAMANNI oder ALEMANNI.
Treffend schreibt Rainer Christlein:[1]
"Im Jahre 213 wird zum ersten Mal eine "GENS ALAMANNORUM" von Kaiser Caracalla besiegt. Der Name bezeichnet einen lockeren Stammesverband, der sich wohl erst kurz zuvor weit im Inneren Germaniens gebildet hatte, und dessen Kern aus Sueben (= "Schwaben") bestand.

Eine gewisse politische Unverbindlichkeit, doch auch ein gemeinsames, offensives Ziel spricht aus dem Namen: "Alle Mannen" sollten es sein, die im Zeichen einer einsetzenden Polarisierung den römischen Truppen am obergermanischen und rastischen Limes entgegentraten. Mit dem sich selbst verliehenen Namen wollten die Alamannen gerade dem entgegenwirken, was sie in den Augen der Römer kennzeichnete: ein "zusammengelaufenes und gemischtes Volk" (Agathias) zu sein. Die Namensgebung war also bereits ein politischer Akt. Die Kraft, die hinter dieser Willensäußerung stand, vermochte es denn auch innerhalb kurzer Zeit, einen germanischen Staat auf römischem Boden zu errichten, den ersten überhaupt, und den einzigen, der seither nahezu unveränderten Bestand hat."

Bis heute sitzen die Schwaben und Allemannen in dem Gebiet, das sie ab der Mitte des dritten Jahrhunderts dem römischen Reiche abgerungen haben. Hier spricht man bis heute in vielen Abschattierungen dieselbe Mundart: zwischen dem Lech (bayrisch Schwaben) und dem Arlberg im Osten und den Vogesen im Westen, zwischen dem Gotthard im Süden und der einst von den Franken erzwungenen Grenzlinie nach Norden, die vom Donon in den Vogesen über die Hornisgrinde im Schwarzwald zum Asperg und weiter zum nördlich vom Ries gelegenen Hesselberg verläuft.
Die schwäbischen Völker nannten sich vor rund zweitausend Jahren in den Zeiten ihrer Wanderungen und Kriegszüge auf ihrem Weg nach Süden "Allemannen", als "alle Mannen zu den Waffen gerufen waren".
Die Schwaben drangen im Jahr 406 über den gefrorenen Rhein, 409 über die Pyrenäen und siedelten sich 411 in Nordportugal und Galicien an.

Paulus Orosius, der in Braga ihre Ankunft erlebte, schreibt in seiner Weltgeschichte „in Anlehnung an ein Wort des Propheten Jesaja", daß die Schwaben ihre Schwerter zu Pflugscharen schmiedeten.
Das Schwabenreich im Nordwesten der iberischen Halbinsel bestand 175 Jahre bis 585. In diesem Jahr wurde es dem Westgotenreich in Spanien angegliedert.

Die Araber eroberten 711 Spanien. Die Eroberung des Schwabenreiches gelang ihnen aber nie. Das Eigentümliche des heutigen Galicien ist durch die schwäbischen Einwanderer mitgeprägt.
Nach ihren Wanderungen und Kriegszügen als seßhafte Bauern nennen sie sich in Nordportugal und Nordwestspanien "Schweben", im deutschen Südwesten "Schwaben". Das germanische Wort "Schweben", das die Römer mit SUEBI wiedergeben, wurde in unserem Raum schon zur Zeit der Landnahme unserer Vorfahren auf deutsch als "Schwaben" ausgesprochen. In den römischen schriften änderte sich die überholte Form SUEVI allerdings nicht.

Als Kampfverband der Allemannen lernten die Römer die Schwaben fürchten. Und der Name des Kampfverbandes ist den Schwaben bei den romanischen Nachbarvölkern geblieben und schließlich von ihnen auf alle germanischen Stämme Deutschlands übertragen worden: Les Allemands, Los Alemanes, Alemania.
Erst in der Neuzeit fing man mit der aufkommenden Brauchtumspflege an, die an Oberrhein und in der Schweiz entwickelte Mundart "alemannisch" zu nennen und zu unterscheiden von der Mundart der Schwaben auf der Alb, am Neckar oder zwischen Iller und Lech. So kam es zu dem Mißverständnis, Schwaben und Allemannen seien zweierlei. Und die Schweizer haben das gern, weil ihnen heute das Schlimmste wäre, Schwaben zu sein.
Ursprünglich war das nicht so. SUEBI ID EST ALAMANI, zu deutsch "Schwaben, das meint Allemannen", schreibt Gregor von Tours im Jahr 409. Oder der Abt Walahfried von der Reichenau schreibt zwischen 800 und 900:
Von den beiden Bezeichnungen für ein und dasselbe Volk mit dem Namen Alamannen oder Schwaben verwenden die ersteren (also Alamannen) die welschen Nachbarvölker zu unserer Benennung: mit dem Namen Schwaben aber bezeichnen wir uns selbst wie auch unsere germanischen Nachbarn nach Brauch und Herkommen.

Und der am Hofe Karls des Großen lebende Sohn des Warnefried, als Gelehrter Paulus Diaconus genannt, aus dem Stamme der Langobarden, die zum Verband der schwäbischen Völker gehörten, schreibt in seiner Geschichte der Langobarden von einem Herzog Trochtulf (man vergleiche zu dessen Beziehungen unsere Ortsnamen Trochtelfingen bei Bopfingen und Reutlingen, sowie Truchtelfingen bei Ebingen):

ISTE EX SUAVORUM, HOC EST ALAMANNORUM, GENTE ORIUNTUR, zu deutsch: „Dieser kommt aus dem schwäbischen, das heißt allemanischen Stamm".

---

[1] Die Alamannen, Archäologie eines lebendigen Volkes, Stuttgart 1978, Seite 22

Entsprechend lesen wir beim Geographen von Ravenna ums Jahr 700 oder 800: PATRIA SUAVORUM QUAE EST ALAMANNORUM PATRIA, also: "die Heimat der Schwaben heißt auch Heimat der Allemannen".
Zuletzt hat der Baden-Württembergische Historiker Gerhard Raff im Rahmen seiner "Schwäbischen Geschichte" in der Sonntagszeitung der Südwest-Presse am 2. Februar 1992 der Gleichung "Schwaben = Alamannen" einen Artikel gewidmet.
Den Römern waren die Schwaben mit ihrem Drang nach Süden ein Dorn im Auge. Um das Jahr 100 vor Christus waren schwäbische Gruppen aus dem Thüringer Becken an Rhein, Main und Neckar vorgedrungen. Sie siedelten zwischen den hier ansässigen Kelten, nicht nur in der Darmstädter Gegend, sondern als SUEBI NICRETES, wie die Römer zu den Neckarschwaben sagten, auch zwischen Mannheim und Heidelberg, wo ihr Mittelpunkt Ladenburg, von den Römern im Jahre 98 mit Stadtrechten ausgestattet, 1998 Jubiläum feiern konnte.
Ebenfalls um 100 vor Christus dringen schwäbische Gefolgschaften von Norden her an die obere Donau und den Hochrhein vor. Sie verdrängen das keltische Volk der Helvetier, das hier sitzt. Vergeblich bauten diese Kelten gegen den Schwabensturm ihre riesigen Bergfestungen auf der Alb wie den Heidengraben bei Grabenstetten oder die Heuneburg bei Upflamör. Die Helvetier von der Alb und von der Donau mußten ins Alpenvorland weichen. Bis heute heißt es deshalb Helvetia.
Von JULIUS CAESAR erfahren wir in seinem Buch DE BELLO GALLICO wie zu seiner Zeit die Schwaben von den Kelten ins heutige Frankreich gerufen wurden. Sie sollten dort den Kampf um die Vorherrschaft unter Keltenstämmen entscheiden. Die schwäbischen Waffen siegten. Die Schwaben blieben jenseits des Rheins, forderten Land zur Ansiedlung und erzwangen Tributzahlungen. Sie wollten selbst die Vorherrschaft über Gallien erringen, das wir heute Frankreich nennen. Man kann spöttisch sagen: die Größe CAESARS besteht darin, durch seine Eroberung Galliens der Weltgeschichte ein schwäbisches Frankreich mit Spätzle und Kehrwoche erspart zu haben.
Caesar setzt den Schwaben am Rhein die Grenze, kann aber nicht alle schwäbischen Völker über den Rhein zurückwerfen. Teile dreier schwäbischer Stämme bleiben drüben sitzen. Es sind die Wangionen in der heutigen Nordpfalz um den Donarsberg, dessen keltische Befestigung ihnen als Heiligtum für ihren Donnergott und als Fluchtburg dient. Ihre Hauptstadt ist Worms (keltisch: BORBETOMAGUS). Es bleiben in der Südpfalz sitzen die Nemeter um Speyer (keltisch NOVIOMAGUS, später SPIRA). Im Elsaß bleiben um Straßburg (damals ARGENTORATE) Teile der Triboker sitzen. Sie hatten in den Jahrzehnten davor schon das Neckarland um Stuttgart besiedelt. Aus ihren Reihen kam der Schwabenkönig Ariovist, dessen Herrschaft in Gallien von IULIUS CAESAR gebrochen wurde. Den Königstitel hatte Ariovist zuvor unter dem Konsulat desselben IULIUS CAESAR in Rom erhalten. Die Reitertruppen der Wangionen finden wir seit CAESAR im römischen Heeresdienst.

Zweieinhalb Jahrhunderte können die Römer am Rhein dem Druck der schwäbischen Völker standhalten mit immer neuen Grenzbefestigungen und Kastellanlagen am Limes. Aber an der Donau brechen die schwäbischen Quaden und Markomannen ins Römerreich ein aus dem heutigen Böhmen und Mähren, sowie aus der heutigen Slowakei. In den sogenannten Markomannenkriegen von 166 bis 180 können die Römer sie nur zum Halt an der Donau zwingen. Die Markomannen hatte ihr König Marbod in der Zeit um Christi Geburt nach dem Osten geführt, um dem Vordringen der Römer an Rhein und Main auszuweichen. Im Westen oder im Thüringer Becken verbünden sich schwäbische Gruppen als Allemannen.

213 überrennen diese Allemannen verbündet mit Chatten (in heutiger Sprache: Hessen) die römische Grenzwehr am Main. Kaiser Caracalla kann sie vor allem durch Geldzahlungen noch einmal zum Rückzug bewegen. Das hält aber nur ein halbes Menschenalter!
233 überrennen die Allemannen auf breiter Front den LIMES. Die Römer hatten hier Truppen abgezogen, um den Persern zu wehren, die im Osten in ihr Reich einbrachen.
Die "alle Mannen unter Waffen" hatten dasselbe Ziel wie ihre Vorväter unter Ariovist! Sie drängten in den Süden in milderes Klima, in reichere Gegenden, in die zivilisierte Welt der romanischen Kultur. Auf ihrer durch Generationen sich hinziehenden Wanderung nach Süden wuchs ihre Zahl. In den Verband der "alle Mannen" nahm man allerlei auf: Unterworfene und Überrannte, Nachbarn oder einfach zum Aufbruch bereite Jungmannen der Ansässige, einerlei ob das nun Germanen oder Kelten waren, oder Reitergruppen aus den Weiten des Ostens, die damals selbst vom Kaukasus her in unseren Raum vordrangen.

Ein Blutsverband, ein rein deutscher Stamm oder eine Rasse von germanischen Herrenmenschen waren die Allemannen nie. Darum sagt Agathias: ein "zusammengelaufenes und gemischtes Volk", eben "alle" möglichen "Mannen". (Die Deutung der lateinischen Namensüberlieferung ALAMANNI vom germanischen Wort "alah" für Heiligtum, also als Verband von Stämmen um ein gemeinsames germanisches Heiligtum, ist heute überholt.) Wer sich den Schwaben oder Allemannen anschloß, wer ihre Ziele, ihre Sprache, ihre Sitten, ihre Tracht mit dem Schwabenknoten des männlichen Haupthaars, übernahm, der war Schwabe nach germanischem Personalrecht. Er wurde infolgedessen behandelt als Freier und Gleicher, als verwandt und versippt.
Die schwäbischen Völker fühlen sich seit der Zeit ihrer Auswanderung aus dem Norden als Gleichgestellte, als Verwandte. Das germanische Wort für Schwaben - sweboz - bedeutet vielleicht so etwas wie: "wir von unserem Volk", "wir miteinander“, "die mit einander Verschwägerten".

Abbildung: 9
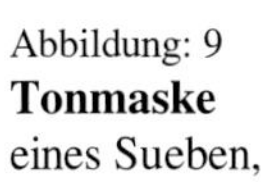
Tonmaske
eines Sueben,

Abbildung 10.
Bronzefigürchen
eines gefangenen
Sueben

Abbildung 11
Kopf eines Sueben auf dem
Grabstein eines römischen Reiters,
gefunden 1881 in der Rosengasse zu Mainz

Britisches Museum London.
Entnommen dem Katalog des römisch - germanischen Nationalmuseums Mainz von K. Schumacher 1912 u. 1935

Entnommen dem Katalog des römisch-germanischen Nationalmuseums Mainz von K. Schumacher 1912.

Text zum Schwabenknoten bei TACITUS, GERMANIA, erschienen in Rom im Jahr 98, Abschnitt 38:

"Jetzt wäre von den Sueben zu sprechen, die nicht einen einheitlichen Stamm bilden wie die Chatten oder die Tenkterer; sie haben nämlich einen ziemlich großen Teil Germaniens inne, in dem noch heute selbständige Einzelstämme mit verschiedenen Namen wohnen, obwohl man sie insgesamt Sueben nennt. Es ist ein besonderes Kennzeichen des Stammes, das Haar schräg nach hinten zu kämmen und in einem Knoten hochzubinden: darin unterscheiden sich die Sueben von den übrigen Germanen, darin die freien Sueben von den Sklaven. Was man auch bei anderen Stämmen findet (vielleicht auf Grund von verwandtschaftlichen Beziehungen zu den Sueben oder - was ziemlich häufig vorkommt - infolge Nachahmung), aber nur selten und dann nur in jugendlichem Alter, das beobachtet man bei den Sueben, bis sie grau werden: sie kämmen das widerspenstige Haar nach hinten und binden es oft genau auf dem Scheitel in einem Knoten hoch: die Führer haben auch noch Haarschmuck".

Der germanische Wortstamm "schweb-" (später deutsch "schwab-") steckt wohl in unserem Wort "Schwipp-Schwager". Ähnliches besagt auch der Name des schwäbischen Kernstammes. Dieser war zur Zeit der Römer aus Jütland längst an die mittlere Elbe und in die Berliner Gegend gezogen. Der Stammesname ist uns in lateinischer Lautung als SEMNONES überliefert. Er wird als "Sippengenossen" gedeutet. Wenn die Bedeutungseinheit "Sem-" in Semnonen auch in unserem "zu-sam-men" oder "sam-meln" steckt, dann ist der Name Semnonen von dem her zu deuten, was "sam-" beinhaltet: "zusammen, miteinander, zugleich".

Die Bedeutung von "Semnonen" entspräche somit der Bedeutung von "Allemannen" wie von germanisch "Schweben", deutsch "Schwaben". Der Stammeskern der Schwaben, welcher Name und Mundart mitbringt, kommt aus der Landschaft Angeln an der Ostsee. Die angelsächsische Überlieferung weiß noch, daß die Schwaben einst als Swaefe mit den Angeln und mit den Vorfahren der Sachsen im heutigen Schleswig-Holstein saßen. Ist es ein Zufall, daß dort heute noch Schwabstedt liegt?

In der Mitte des dritten Jahrhunderts nach Christus überrannten die Allemannen endgültig den LIMES und eigneten sich das Neckarland, das Unterland und Oberland bis zum Bodensee, das Land zwischen Oberrhein und oberer Donau an. Mit keinem ihrer vielen Kriegszüge konnten die Römer dieses Land je zurückgewinnen. Nach dem Abzug der römischen Legionen nördlich der Alpen zum Schutz des italienischen Mutterlandes vor den dort eingefallenen Germanen im Jahre 401 besiedelten die Allemannen endgültig das Land zwischen Iller und Lech samt Allgäu und Vorarlberg, das Elsaß und die Nordschweiz bis zum Alpenkamm. In diesen Grenzen spricht man die Mundarten der schwäbischen Völker, die sich als Allemannen hier Land nahmen. So entstand auf römischem Boden ein germanischer Staat, die von den Romanen sogenannte **ALEMANIA.**

Joseph Nadler [1] schreibt über die Schwaben:

„Dies Volk der Mitte, landschaftlich durch den Rhein mit den Franken, durch die Alpen mit den Bayern verbunden, geistig zu diesen und jenen hinüberspielend, nach innen gekehrt und dennoch bei langsamen Entschlüssen kräftig und zäh handelnd, verschwiegen und schwer zum Reden zu bringen und dennoch so seltsam beredt, wenn es sich zum Reden entschlossen hat, konnte nicht mit gewaltigen Rucken, wohl aber mit stetem Druck den Aufbau des deutschen Volkes bestimmen. Die mächtige geistige Kraftentfaltung dieses Stammes war nur möglich, weil jeder seiner besonderen Anlagen ein Kampffeld mit anfeuernden Widerständen gegeben war."

Bekannt ist der schwäbische Dickkopf.
Es widerspricht ihm, „sein Wesen nivellierenden Formen einzufügen und seiner Natur auch nur einen Schein von Zwang anzutun, der der Eigenart und Eigengewachsenheit seines Charakters zuwiderlaufen würde“. [2]

Daher finden wir einerseits oft den kleinlichen, bornierten Eigen-, ja Starrsinn, der nach niemand fragt, den eigenbrödlerischen Kauz; zum andern kann aus diesem Trieb zur freien, individuellen Selbstentfaltung edelste Geistes- und Charakterbildung hervorgehen. Überhaupt ist das Wesen des Schwaben oft seltsam zwiespältig,

„eine Mischung von verschlossener
Zurückhaltung und offener Zutraulichkeit,
praktischer Nüchternheit und träumerischem
Künstlertum, innigster Religiosität und
gänzlich mangelndem Autoritätsglauben,
verstaubter Nesthockerei und verbissenem
Wandertrieb, schier unglaublicher Philisterhaftigkeit
und weltoffenem Verstand". [3]

Wirkt dies nicht wie ein Abbild der Landschaft? Eine überraschende Fülle und Vielfalt von Gesteinen lassen Farben und Stimmungen oft schnell wechseln.

Oberschwaben hat zum Teil (abgesehen von der Bodenseegegend) schon etwas kontinentales Klima mit heißen Sommern und ziemlich strengen Wintern. Die Menschen hier sind unternehmungslustiger und sinnlich aufgeschlossener als die im Unterland. Die Geselligkeit ist bei aller Bedächtigkeit breiter, genießerischer. Vor allem ist der Wohlstand die Ursache für eine gewisse Selbstsicherheit, die sich auch in der stärkeren Ausbildung sozialer Unterschiede bemerkbar macht. In der Volkskunst spürt man deutlich die enge Beziehung zum bayrisch - österreichischen Kulturkreis.

Anders ist der Unterländer. Er ist mehr der Grübler und Denker, sucht ewige Probleme des menschlichen Lebens zu lösen. Das führt zu religiöser Haltung und Gestaltung, einmal zur entschlossenen Hingabe im Pietismus, aber auch zur Gründung von Sekten. - Er erscheint oft schwerfällig, unbeholfen, jedoch gediegen und gründlich. Im Kreise der Familie und bester Freunde taut er auf. Sprichwörtlich ist die „Vetterles- und Bäsleswirtschaft“. Seine Umgangsformen sind nicht die gewandtesten, aber er hat es „dick hinter den Ohren". Das weichere Gemüt, vielleicht hängt es auch mit der Landschaft zusammen? Liebliche Flußtäler, Gäuebenen, Wälder. Das Klima ist milder, ausgeglichener als in Oberschwaben.

---

[1] Dass stammhafte Gefüge des deutschen Volkes, München 1934, 27

[2] Hermann Kolesch, Schwabentum im Schwabenlied, Stuttgart.1936, 11

[3] August Lämmle, Die Schwaben. Der deutsche Volkscharakter, eine Wesenskunde der deutschen Volksstämme und Volksschläge, herausgegeben von Martin Wähler, Jena 1937, 274

Abbildung 12

Tanzende Paare, Sackpfeifer.

Martin Pfender. „Die Meierschaft zu Laufen". Glasgemälde von 1553 im Ratsaal zu Rottweil.
Foto: Gerald Mager, Stadtarchiv Rottweil.

Tanzen wurde in Rottweil immer sehr geschätzt. Bereits die Zimmersche Chronik weist im 16. Jahrhundert auf die **„denz zu Rottweil"** hin. Ihr Verfasser Graf Froben Christoph von Zimmern vermerkt als neu und in seinen Augen offenbar nicht gerade schicklich, daß dabei jeder Tänzer **„ein besondern reien fürt"** (also wohl paarweise tanzte); schon in Straßburg wirke das Tanzen im Vergleich zum französischen Tanzstil **„unzüchtig"** und das sei gegenüber den Verhältnissen in Rottweil noch gar nichts. Mehrmals mußte der Rat der Reichsstadt Rottweil zu jener Zeit gegen die **„ganz nakkendt denz"** einschreiten. Ob zu jener Zeit auch schon die Sechser- und Achtertänze oder der Barbiertanz im Schwange waren, die in Rottweil im 19. Jahrhundert gelegentlich getanzt wurden, ist nicht bekannt.
Aus: Musik in der Reichsstadt Rottweil von Dr. Winfried Hecht 1984 - Stadtarchiv Rottweil.

Abbildung 13

Bauerntanz.

Detail aus der Wappenscheibe des Philip Mesinger, Straßburg 1588.
Foto: Hessisches Landesmuseum Darmstadt.

Verbot von Paartänzen - Ulm im Jahr 1406

So hat och der Rat den ungeordnoten tantz der etwielang gewerot hat, ***als zwai und zwai mit ainander tanzoten****, abgenommen; und wil und maint der rat, daz frowen und man hie ze Ulme nü füro mer tantzen an ain ander in der wis, als man von alter biz her getantzet hat, ane alle geverde.*
Und wer der stuk dehains überfür, es were frow oder man der soll der stat fünf phunt haller verfallen sin.

Aus „Carl Mollow, Das rote Buch der Stadt Ulm, Württembergische Geschichtsquellen, Band 8 Stuttgart 1905 S. 177, § 318 - 319". Das Verbot stammt nach Angaben des Herausgebers von einer Hand aus dem Jahr 1406. Das Original des Gesetzbuches der Stadt Ulm wird heute im Staatsarchiv von Ludwigsburg verwahrt. Dr. Gebhard Weig, Stadtarchiv Ulm.

Frei übersetzt heißt es:
„Der Rat der Stadt Ulm untersagt daß paarweise getanzt wird.
Der Rat meint daß hier in Ulm Frauen und Männer nur in der Weise tanzen sollen, wie man es von alters her getanzt hat.
Das Bußgeld wir mit „5 Pfund Haller" festgelegt".

Seit 600 Jahren tanzen die Schwaben paarweise.

Abbildung 14

Tanzpaar und Musikanten aus Ulm

Detail aus der Wappenscheibe des Ulmer Ratsherrn Hanns Schad, Ulm 1623. Dem Ulmer Glasmaler Rudolf Häbisch zugeschrieben. 34 x 22 cm. Das Tanzpaar und die Musikanten sind nach J. Amman gestaltet. Württembergisches Landesmuseum Stuttgart, Inv. Nr. 218. Foto: Württembergisches Landesmuseum.

Auf der Schwäbischen Alb wohnt der vielleicht knorrigste und kauzigste, aber zugleich tiefsinnigste Schwabenschlag. Die Menschen müssen hart arbeiten. Der steinige Boden gibt das Nötigste.

Vom Unterschied Ober - Unterland handelt ein Lied, das 1835 von einem Tübinger Studenten verfaßt wurde:

Drunten im Unterland, da ist' s halt fein.
Schlehen im Oberland, Trauben im Unterland:
Drunten im Unterland möcht i halt sein.

Drunten im Neckartal, da ist' s halt gut.
Ist mer' s da oben rum manchmal au no so dumm,
han i doch alleweil drunten gut' s Blut.

Kalt ist' s im Oberland, drunten ist' s warm;
oben sind d' Leut so reich, d' Herzen sind gar net weich,
b' sehnt mi net freundlich an, werdet net warm.

Aber da unten rum, da sind d' Leut arm,
aber so froh und frei und in der Liebe treu;
drum sind im Unterland d' Herzen so warm.

Gottfried Weigle 1816 - 1865

Das vielfältige, eigenartige Wesen des Schwaben spiegelt sich in seinen Liedern und Tänzen. Was an echtem Volksgut vorhanden war und noch ist, soll im folgenden dargelegt und in größerem Zusammenhang gesehen werden .

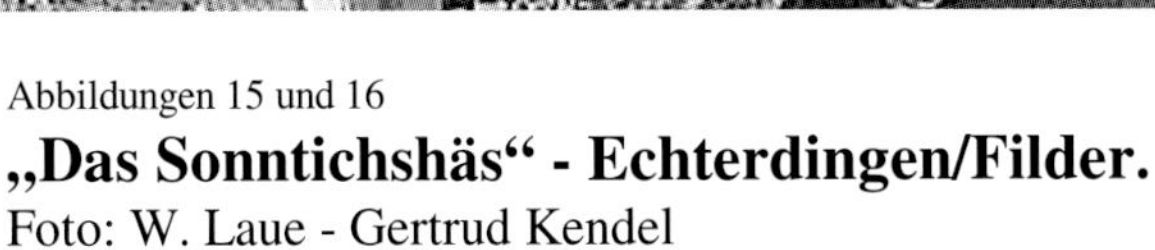

Abbildungen 15 und 16

„Das Sonntichshäs“ - Echterdingen/Filder.

Foto: W. Laue - Gertrud Kendel

Abbildung 17
Das Kirchweihbegraben
Holzstich von F. Reif 1887

Abbildung 18
Martinsumzug in Rottenburg
Foto: P. Rainer Mozer, Rottenburg

Brauchtum und Volksglauben

Tanz ist im Leben des bäuerlichen Menschen eng verbunden mit Brauchtum, welches den wichtigsten Abschnitten des Jahreslaufes seine Weihe gibt: „Gleicherweise gebreitet liegt sie über Arbeit wie über Feier, und so werden beide sinnvoll und naturnotwendig... Und wie die gleiche Arbeit im gleichen Raum der Gemarkung gleiche Menschen des Dorfes zusammenführt, so sind auch die Feste gleiche Feiern der gleichen Gemeinschaft". [1]
Betrachten wir das überlieferte Brauchtum, so fällt uns viel Merkwürdiges dabei auf.
Wir können heute nichts damit anfangen, spüren aber wohl, daß letzten Endes mehr dahintersteckt als bloßes Nachahmen der vorigen und Weitergeben an die folgenden Generationen. Wir reden von Sitten und Gebräuchen.
Nach einer Definition von Kolesch [2] ist Sitte ein Umkreis von Gewohnheiten, „die sich auf ehemals eindeutig religiös - kultischen Vorstellungen und Handlungen aufbauen.
Sie kann in hohem Maße ihres ursprünglich religiösen Sinnes entleert, sie kann im äußersten Falle sogar sinnlos geworden sein und als starre, leere Überlieferungshülle mitgeschleppt werden... In den Bräuchen sehen wir aber häufiger und lebendiger den religiösen und kultischen Sinngehalt, den Volksglauben, als das in seiner Dynamik beständig neu Werdende, durchschimmern".
Dieser Glaube konnte von der Kirche nicht ganz ausgerottet werden.
Unzählige Edikte und Verbote gegen abergläubische Handlungen sind überliefert.

An Stelle der höchsten Feste - vor allem Naturfesten - wurden kirchliche Feiertage eingesetzt. Bis in unsere Tage lebt der Aberglaube mindestens in Sprichwörtern und Redensarten weiter.
Er ist, genauer betrachtet, eine Mischung aus Resten vorgeschichtlichen Kelten- und Germanentums, von Religionsvorstellungen der germanischen Frühgeschichte, von Einflüssen Roms und anderer antiker Völker; dazu kommen die Umwälzungen durch das Christentum und dauernde Umbildungen in der Zeit der Völkerwanderung und im Mittelalter bis zur Reformation. Trotzdem kann man wohl „eine gewisse Einheitlichkeit in den ursprünglichsten, wenn man will in den primitivsten Formen des Glaubens in seinen transzendenten Vorstellungen" annehmen. [3]
Brauchtum ist hervorgegangen aus dem Ausdruckswillen des Volksglaubens.

1. Brauchtümliches bei Umzügen und Umritten

In der Vorweihnachts- und Weihnachtszeit

Von Martini bis Aschermittwoch begegnen wir mannigfachen Umzugsgruppen, die Segen wünschen und dafür Gaben empfangen, selbst Gaben schenken oder durch ihr Tun Segen herbeiführen wollen. So erscheinen zu Beginn des Winters bei Nacht an vielen Orten umherziehende Gestalten, die einen in würdigen kirchlichen Gewändern, andere eingehüllt in winterliche oder fremdartige Stoffe und von wildem, erschreckendem Aussehen.[4] Sie stellen den hl. Martin oder den hl. Nikolaus dar. Beiden Gestalten gemeinsam ist, daß sie Geschenke bringen und, wo es nötig ist, mit der Rute strafen. Schon im Mittelalter hat die Volkssitte dem hl. Nikolaus die Rolle der Kinderprüfung und - bescherung zugewiesen. Vielfach unterscheidet beide nur der Name und der Tag des Auftretens. In Schwaben läßt sich dabei feststellen, daß der Nikolaus von katholischer, der Martin von evangelischer Seite bevorzugt wird. Gelegentlich kann man einen Austausch beider Gestalten verfolgen. Tritt z.B. ein „Pelzmärte" am 6. Dezember (Nikolaustag) auf, so erkennen wir deutlich einen Ersatz des hl. Nikolaus durch den hl. Martin. An verschiedenen Orten taucht der eine oder andere auch erst am 24. Dezember auf. Das Verlegen vom Martinsabend auf den Weihnachtsabend vollzieht sich teilweise vor unseren Augen.

---

1 Hans von der Au, Das Volkstanzgut im Rheinfränkischen, Gießen 1939, 89
2 vgl. ebda 72
3 vgl. ebd 74
4 vgl. Karl Bohnenberger, Volkskundeblätter aus Württemberg und Hohenzollern, Jg. 1912, Nr. 1, 1

In manchen Gegenden kommt der in der Christnacht auftretende Weihnachtsengel, das Christkind, als dritte schenkende Gestalt hinzu. In früherer Zeit, 1912 von den Älteren noch bezeugt, wurden auch die Bercht und die Hullenfrau gesehen, erstere vor allem bei Ellwangen und Neresheim. „Dargestellt wird sie als Schreckgestalt, womöglich mit Werg behangen, auch mit einem Bart aus Werg. Sie schreckt die Kinder zunächst, beschenkt sie aber hernach mit Obst, Nüssen, Hutzeln und Backwaren ..“ [1]
Sie tritt auf am 24. Dezember oder an den „Anklöpferlestagen“ (1-4 Donnerstage vor Weihnachten). Daneben gibt es noch Mitteilungen über einen „männlichen ruppigen Bercht, der ehemals in Ellwangen als Begleiter des Niklaus am Niklausabend aufgetreten sein soll“ [2] . Ob sein Name mit Ruprecht zusammenhängt oder gar mit den österreichischen Perchten?
In die Gegend von Mergentheim, Künzelsau und Gerabronn gehört die Hullenfrau, und zwar erscheint sie ebenfalls am 24. Dezember. Sie wird von den Kindern sehr gefürchtet und beschenkt nicht. Auch sie hat ein männliches Gegenstück, den Hullenmärtel oder Hollenmann (im obersten Neckargebiet von Sulz bis Spaichingen und Mergentheim), „dem ein Höllenmann, (Teufel) zur Seite geht. Die ursprüngliche Gestalt ist hier wohl die weibliche.“ [3] (Gegenstück dazu: In Dietingen bei Rottweil wird der Klaus von einem Klausenweible begleitet). „Zugleich wird die Hullenfrau auch als im Himmel wohnend gedacht: Die Schneeflocken sind die Federn ihres ausgeschütteten Betts." [4] Wer denkt dabei nicht an Frau Holle, die altdeutsche Göttin Hulda? Ebenso geht die Bercht wohl zurück auf den Namen Berchta, Frau Holle. Altheidnische Gottheiten wurden häufig zu Schreckgestalten!
Seltsame Notizen fand ich in den Hessischen Blättern für Volkskunde über den „Pelznickel": „... Bei Heilbronn und Backnang ist der Pelzmärte in Stroh gehüllt".[5]
Einen strohgegürteten und strohbemützten Joseph oder Ruprecht gibt es in schlesischen und erzgebirgischen Weihnachtsspielen, schwedische Julböcke werden eingehüllt in Pelz und Stroh. Im Grunde sind es Darstellungen des Winters. Die kalte, unfruchtbare Jahreszeit wird deutlich und sinnvoll verkörpert.

[1] Bohnenberger , Jg. 1912, Nr.2,3
[2] ebda, 2
[3] ebda, 2 f
[4] ebda, 3
[5] Friedr. Mößinger, Ein Odenwälder Weihnachtsumzug Hess. Blätt. f. VK 1936, 87

In Ellwangen tritt im Gefolge der Bercht eine Gans mit langem Kragen auf, und nach Montanus [6] „sitzt das Christkind auf einem weißen Hühnerhahn und besucht so reitend die Kinder in der Christnacht“. Gans, Hahn, Huhn, Schwan, Storch, geschnäbelte Habergeißen und Julböcke haben die gleiche Bedeutung (vgl. Hahn im Erntebrauchtum). „In Dtsch.-Noven wackelt die krumme Gans dem „wilden G'fohr" nach ...“ Es handelt sich hier ohne Zweifel um ein Tier, das zu jenen Umzügen der Mittwinterzeit, zur wilden Jagd von Anbeginn gehört und vielleicht, wie der Schimmel die tiergestaltige Frühform des späteren Gottes Wotan, die Vorform einer weiblichen Göttin, der Perchta oder Hulda, darstellt." [7]

Abbildung 19
Frau Holle (Perchta) mit dem wütenden Heer.
(Aus „Das Festliche Jahr“, Leipzig 1863)

Im Gefolge der Frau Holle sind Störche bezeugt. Im Odenwald erscheint nach Mößinger die Stoppelgans im Gefolge des Christkinds, bei Mergentheim tritt eine mit Stroh und Werg vermummte Schreckgestalt, die Hullefra mit dem Christkind auf. Vielleicht ist dieses erwachsene weibliche „Christkind“ eine Verchristlichung der alten Frau Holle?

Bei den „Anklöpferlestagen" oder „Klöpflesnächten" begegnen wir in erster Linie Umzügen der Kinder. Es gibt zwei Hauptformen des „Anklopfens", a). eine mit Gabenheischen, b). eine ohne solches.

a. Am Nachmittag oder Abend ziehen Kinder im Dorf umher, klopfen an die Türen und bitten mit bestimmten Rufen oder Versen um Gaben:

[6] Die deutschen Volksfeste 1854, 58, zit. in Mößinger, 91
[7] Mößinger, 92

Bittvers:
„Anklopfen, Hämmerle,
s' Brot liegt im Kämmerle,
s' Messer liegt daneben,
sollt mir etwas geben.
Apfel raus, Birnen raus,
gehen wir in ein ander Haus." 1

Schmeichelverse:
„Die Rosen, die Rosen,
die wachsen auf einem Stengel,
der Herr ist schön, der Herr ist schön,
und die Frau ist wie ein Engel." 2

oder:
„s geht a seidiger Fade ums Haus,
schöne Bäure, guck obe raus!
Schöne Frau und schöner Ma
gucke einander freundlich a." 3

Der seidene Faden kann als Faden der Schicksalsfrauen gedeutet werden. Er umschließt das Haus, grenzt es ab nach außen und bewahrt es somit vor Unheil (vgl. die Sage vom Urschelberg bei Pfullingen: Eine goldene Kette soll den Berg umschließen und die unterirdischen Schätze des versunkenen Schlosses zusammenhalten).

Glückwünsche für ein ertragreiches Neues Jahr :
„Gut's Jahr, gut's Jahr,
daß s Korn gut g'rat,
daß Äpfel und Biren
zum Fenster neinfliegen!" 4
Oder:
„Ich wünsch dem Herrn ein goldenen Tisch,
auf jeder Spitz en backenen Fisch,
und mitten drin e rote Maß Wein,
na können die Herren recht lustig sein." 5

b) An jenen Tagen werden von Kindern und Ledigen abends kleine Gegenstände wie Erbsen, Bohnen, Linsen oder Steinchen an die Fenster oder Fensterläden geworfen.
Die Volksanschauung liefert verschiedene Erklärungen für diesen Brauch. Eine davon ergibt sich aus der dritten Gruppe der Sprüchlein: der Einwirkung auf das Gedeihen im nächsten Jahr.

In Österreich kommen in manchen Gegenden die Perchten vor, die auch in den „Klöpflesnächten" ihr Auftreten immer mit großem Lärm und heftigen Bewegungen verbinden: Dieses Toben gemahnt an die „wilde Jagd", von der es ja auch des öfteren heißt, daß sie die Felder fruchtbar mache, genau so wie der Aufzug der Perchten.
Südlich von Salzburg gingen die Klöckler (segenwünschende, vermummte Gestalten) vor etwa 70 Jahren noch in ziemlich wilder Gestalt. Da gab es die Untersberghex, den Saurüssel, den Tod, die Habergais, einen Riesen, den Kikeriki, in Baumbart und Tannenzapfen gehüllte Waldteufel und Moosweibeln.
Sie wurden mit dem „Wilden Gjoad" in Beziehung gebracht, gleichzeitig empfing man sie bei der Einkehr in die Häuser aber wohl, denn diese galt als gutes Zeichen". 6 Vermummte Gestalten, die große Hüte tragen und Kinder schrecken, sind bei uns aus Gerabronn und Eichelberg bei Weinsberg bezeugt.

1 Bohnenberger Jg. 1913, 12
2 ebda, 13
3 Meier Deutsche Sagen, Sitten und Gebräuche, Stuttgart 1852, 458
4 Bohnenberger , Jg. 1911, 17
5 ebda, 14
6 Richard Wolfram , Die Volkstänze in Österreich und verwandte Tänze in Europa, Salzburg 1951, 46

Abbildungen 20 und 21 **Christkindle u. Pelzmärte**

In Zillhausen (bei Balingen) treffen sich die männlichen Jugendlichen im Alter zwischen 14 und 20 Jahren am Heiligabend auf dem „Kugelweg". Dort entzündet man ein Feuer. Der Jahrgang der 14jährigen muß jeweils 12 Stück, die 15jährigen 8 Stück und die weiteren Jahrgänge 4 Stück geflochtene Weidenruten mitbringen.

Jeder der „Jahrgänger“ hat Glocken und Schellen der verschiedensten Art bei sich. Kein Laut darf erklingen bevor die jungen Männer, später am Ortseingang, mit dem Christkindle und Pelzmärte zusammentreffen.

Nach dem gemeinsam gesungenen Lied „Stille Nacht“ muß der Jüngste ein Vaterunser beten. Dann gehen alle zum Ortseingang. Dort warten das Chistkindle und der Pelzmärte, die von dem Christkindle und Pelzmärte des Vorjahres geführt werden. Mit großem Geschell zieht man von Haus zu Haus. Die Kinder müssen Versle aufsagen. Der Pelzmerte verteilt Ruten und das Christkindle Brötle und Geschenke, die Eltern und Verwandte vorher heimlich übergeben haben. Die Scheller und das Christkindle erhalten Brötle und heutzutage auch etwas Geld in den verschiedenen Häusern. Früher wurde dann anschließend (am Heiligabend) im Gasthof Sonne oder Hirsch zusammmen ein Eierdotsch gegessen. Bild oben: Foto: Gerd Schneider, Balingen. 1996

Bild unten: Christkindle, Pelzmärte und Scheller 1967 mit dem alten Häs. Foto: Kurt Witzemann, Zillhausen.

Die obengenannten Martins- und Niklasumzüge mit ihren Begleitfiguren einerseits und das Anklopfen andererseits stehen in enger Beziehung zum Brauchtum in Österreich. Vorstellungen und Bedeutungen wurden vermischt, die Form ist bei uns wesentlich abgeschwächt.
Ein eigenartiger Brauch war der „Pfeffertag“ (28. Dezember), der Tag der unschuldigen Kindlein. Mädchen und Frauen wurden mit Ruten geschlagen.
Im Odenwald [1] trägt das Christkind eine Krone auf dem Kopf und eine Rute in der Hand, anderwärts eine „gezopfte Birkenrute", die mit rotem Band umwunden ist. Ihr Schlag gilt allen Leuten. (Die Krone ist buntbebändert und mit Sträußen geschmückt, ähnlich der Kopfbedeckung der „Pinzgauer Schönperchten". Dabei ist zu beachten, daß in der Volksreligion Kranz und Krone als Träger der Vegetationskraft gelten; eine Maibraut trägt sie also zu Recht und sinnerfüllt. Ob bei dem Schlagen an ein Zeichen der Fruchtbarkeit zu denken ist wie bei der Lebensrute?)
Das rote Band steht in Schwaben in Beziehung zur Hochzeit: Die Braut - Kuh hinter dem Wagen ist mit Blumen und Bändern bekränzt, der Sattel des Brautführers ist ist mit roten Bändern umwunden.
Im Schwarzwald trägt der Brautlader eine rotbebänderte Haselrute. Innere Zusammenhänge sind schon möglich.
Aus Betzingen erzählt Ernst Meier [2]: „Am Tage vor Weihnachten reihen die Knaben in Betzingen Kuhschellen, soviele sie deren bekommen können, auf eine Schnur oder auf einen Riemen und hängen diesen über die Brust. Dann springen sie von morgens früh bis zum Abend lärmend und schellend im Dorfe herum ... Das Läuten mit den Kuhglocken soll geschehen zum Andenken daran, daß Christus in einem Stalle geboren und in einer Viehkrippe gelegen.... Am Calwer Markte vor Weihnachten behängen sich die Knaben in Neubulach mit Kuhschellen und laufen im Orte herum und lärmen“. Was hat aber das Christuskind mit diesem Lärm und der heftigen Bewegung (Springen!), die von morgens bis abends währt, zu tun? Im allgemeinen wartet man in Ruhe und Besinnung auf den kommenden Heiland. Wir finden zu jenem Brauch in Österreich wieder vollkommene Parallelen. Die „Glöckler“ des Salzkammergutes laufen am Perchtenabend weißgekleidet, eine Schelle umgehängt und einen Stock in der Hand, mit von innen erleuchteten Lichterkappen ihre Figuren. Sie beginnen immer mit dem großen Einkreisen.

[1] vgl Mößinger, 89
[2] Meier 8

Über ein vorgeführtes Laufen in Wien aus den 20er Jahren hören wir: „Sie kümmerten sich zunächst überhaupt nicht um die Zuschauer. Fern von allen liefen sie vorerst einen gewaltigen Kreis um den gesamten Raum, ihn gleichermaßen einschließend und begrenzend. Dann erst kamen die Figuren und alles andere“.[3] Das „Umgrenzen und Erfüllen eines Raumes“ ist für viele Tänze wichtig!
Die Betzinger „Glöckler" erinnern mit ihrem Schellen- oder Glockengürtel freilich noch eher an die Schell- und Glockenfaschen des oberen Murtales (Österreich), die ihre Lärminstrumente schütteln, oder an die „Schemenläufer" zu Imst in Nordtirol: Zu jedem „Scheller“ mit seinen gewaltigen, waagrecht vom Körper abstehenden Kuhglocken gehört ein zierlicher **„Roller“** [4] Diese Gestalten treten jedoch erst in der Faschingszeit auf.
Die Verbindung von Lärm und Bewegung im Zusammenhang mit Fruchtbarkeit kennen wir von den „Klöpflesnächten“ her. Ich vermute, daß es sich bei den Betzinger und Calwer Glöcklern ursprünglich auch um einen Fastnachtsbrauch handelt, der dann - nicht mehr verstanden - in der Zeit vor Weihnachten auftaucht, vielleicht in Beziehung stehend zu den Klöpflesnächten.
Von Weihnachten bis zum Dreikönigstag (6.1.) ziehen in manchen Dörfern noch drei Knaben herum und stellen die „heiligen drei Könige“ aus Morgenland vor, die dem Sterne nachzogen. Sie tragen ein langes, weißes Überhemd, dazu eine ausgeschnittene Krone von farbigem Papier. Einer hat sich als Mohrenkönig das Gesicht geschwärzt und geht in der Mitte, ein anderer trägt einen Stern, der wie ein Haspel gedreht werden kann, und so ziehen sie von Haus zu Haus, drehen den Stern herum, stellen sich unter die Fenster und singen.[5]

Rottenburger Sternsinger unterwegs im Weggental.
Foto: Rainer Mozer, Rottenburg. Abbildung 22

[3] Wolfram, 31
[4] Wolfram 54
[5] Meier, 470

Müller - Blattau meint, das Sternsingen reiche bis in vorchristlich - heidnische Zeiten zurück. „Ist der Stern, der sich dort dreht, nicht ebenso wie die Scheibe oder das Rad, das da im Volksbrauch brennend vom Berg herabgerollt wird, ein Zeichen der Sonne, die sich nun wieder zum neuen Jahreslauf in Bewegung setzt? [1]
In Ostpreußen hat er erlebt, wie die Sternsinger nicht als 3 Könige gekleidet auftraten, sondern in weiße Gewänder gehüllt und mit Spitzhüten auf dem Kopf. (Diese Kleidung finden wir bei den Schell- und Glockenfaschen, außerdem bei den Geißlern im Mittelalter).
Auch die überirdischen Wesen stellt man sich umziehend oder umfahrend vor. Die wichtigste Gruppe ist das „Muetes-Heer" (in Österreich „wildes Gjoad"). Es wird viel häufiger gehört als gesehen, und zwar meist bei Nacht. [2] Über seine Zusammensetzung gibt es zweierlei Vorstellungen: Es besteht entweder aus Teufel und Hexen oder aus Menschenseelen, die nach dem Tode keine Ruhe finden können.
In Betzingen z. B. heißt es, der Teufel fahre mit seinem Reich und Gesinde spazieren. „Dabei rasseln die Wagenketten gewaltig, und eine laute Musik wird dazu gespielt ... Das Heer selbst aber macht eine wunderschöne Musik, wie kein Mensch sie machen kann. Kommt es rechtzeitig im Frühjahr, so wird alles bald grün und es gibt ein fruchtbares Jahr. Kommt es später, so gibt 's einen späten Frühling.“ [3]
Aus Mittelstadt hören wir, es komme ein gutes Jahr, wenn man das Muetes-Heer, besonders in der Weihnachtszeit, recht sausen hört. [4] Also auch hier die Verbindung von Fruchtbarkeit, von starkem Lärm und Bewegung. Als Hauptzeiten gelten die 12 Nächte zwischen Weihnachten und Erscheinungsfest, auch die Christnacht selbst, außerdem die ganze Adventszeit und Fastnacht. Neben dem Einherbrausen im Sturme, verbunden mit Lärmen und Toben als wesentlichstem Merkmal, hören wir auch von Tanzereien des Heeres. Bei Dennjächt im Calwer Schwarzwald kennt man einen regelmäßig benützten Tanzplatz mit einem üppigen Grasring. [5] Dieser Zug stammt wohl von den Hexen her, die man sich hauptsächlich in der Walpurgisnacht tanzend (Hexenring) oder auf einem Besen reitend vorstellt. Dieses Treiben führt uns nun geradewegs in die Fastnachtszeit hinein.

1 Josef Müller - Blattau, germanisches Erbe in deutscher Tonkunst, Berlin Lichterfelde 1938, 29
2 Bohnenberger, Jg, 1914, 9
3 Meier, 128 f
4 Meier. 131
5 Bohnenberger ebda

An Fastnacht

Am auffälligsten sind allenthalben die Masken und Verkleidungen. 1371 erging in Augsburg schon ein Verruf (Verbot) „daß niemand sein Antlitz verdeck zu Vasnacht“ [6]

Jeder kann an sich selbst ausprobieren, wie Verkleidungen verändern.
Am beliebtesten sind immer Masken von Tieren oder überirdischen Wesen. Der Träger erhofft, die Kraft des betreffenden Tieres oder Dämons dadurch an sich zu binden. Verstärkt wird diese Kraft natürlich durch Bewegung. So führt einerseits die heftige Bewegung zum Sprung, die rhythmisierte, gleichmäßig fortlaufende Bewegung andererseits zum Tanz, wobei der Tanz die Wirkung des Sprungs noch erhöhen kann.
Die Naturvölker glauben, daß sie durch Tanzhandlungen auf die Dinge der Umwelt einzuwirken imstande seien, daß durch die Tänze ein von ihnen gewünschter Erfolg unmittelbar sich verwirkliche. [7]

In diesem Sinne findet man auch bei uns merkwürdige Vorstellungen. „Damit der Flachs gut gedeihe, tanzen in Süddeutschland an Lichtmeß (2. Februar) die Weiber, in den Händen Holundergerten, mit denen sie auf die Männer losschlagen“. [8] (Holunder ist ein geweihter Baum der Frau Holle, der Mutter Erde). Nach M. Panzer[9] geschieht das Schlagen zum Fernhalten der Männer. Ihre Anwesenheit würde den Fruchtbarkeitszauber stören.

6 Böhme I, Leipzig 1886, 74
7 J.P. Bloch, Der deutsche Volkstanz der Gegenwart = Hess. Bl. v. Volkskunde, Bd. 25 Gießen 1927, 130
8 ebda 160
9 Tanz und Recht, Frankfurt a. M. 1938, 130

Abbildung 23 **„dr Bolonäs" in Schömberg 1998**
Um das Jahr 1900 brachte der Schmiedegeselle Johann Wuhrer von der „Walz" aus Frankreich eine Polonaise mit. Diese „Polonäs" fand ihren festen Platz in der Schömberger Fasnet. Seit damals wird **„dr Bolonäs"** an jeder Fasnet mehrmals getanzt. Ein wunderschönes eindrucksvolles Erlebnis ist es, wenn die kostbaren „Fransekleidle" und „Fuchswadel" zuerst zu den Klängen der Schellen und anschließend zu den Klängen des Schömberger Narrenmarsches auf dem Marktplatz in Schömberg tanzen. Fotos: Familie Riedlinger, Schömberg.

Abbildung 24 **„dr Bolonäs" in Schömberg 1913**

Abbildungen 25 - 29 **Rottweiler Narrensprung**

Rottweils Fasnet wird urkundlich im 15. Jahrhundert greifbar. Drei Hauptelemente fallen dabei in ihrem Rahmen auf - der Narrentanz, der im Narrensprung fortlebt, das Narrenspiel, das man im „Aufsagen" wiedererkennen kann, und das Lebkuchenholen in der benachbarten Reichsabtei Rotenmünster, das in alter Form 1800 verschwand.
Text: Wilfrid Hecht, Stadtarchiv Rottweil. Fotos: Gertrud Kendel

„Im Elsaß ist - so glaubt man dort - Menge und Güte der Ernte von der Höhe und Größe der beim Tanzen gemachten Sprünge abhängig“.[1]
Richard Wolfram berichtet aus Kärnten: „Je weiter die Röcke der Dirndln beim letzten Tanz am Faschingsdienstag fliegen, desto größer werden die gelben und weißen Rüben ... In Tirol konnte man hören, man habe es versäumt, die Perchten tüchtig auf den Feldern herumstampfen zu lassen, wenn die Ernte nicht gut ausfiel ...
In vielen Gegenden Niederösterreichs heißt es, daß sie die Disteln zusammentreten, wenn sie im Fasching fleißig tanzen“.[2] Ein alter Imster „Schemenspruch“ sagt: *„ Wenn die Imster Schemen laufen und viel Faxen machen, so tun die Türkenkolben (Mais) einen halben Meter wachsen“.* Man glaubt, daß durch die Bewegung die Kräfte der Erde geweckt werden und gutes Wachstum die Folge davon ist. Wir haben also eine zauberische Förderung der Vegetation vor uns, einmal durch Wecken und Stärken der guten, zum andern durch Austreiben der bösen Mächte (im Grunde genommen nichts anderes als der Tanz des Medizinmannes gegen Krankheits-dämonen).
Es braucht uns nicht zu wundern, diese Vorstellungen vom Wecken der Fruchtbarkeit gerade in der dunklen Jahreshälfte, besonders in der Fastnachtszeit zu finden. Die Sonne steigt höher, der Tag wird länger, die helle Jahreszeit kündet sich an. So stellt man sich also den Winter als den Bösen, Unfruchtbaren, als den Feind des Sommers vor, der fortgetrieben werden muß. An Lätare, dem Mittfastensonntag, wird von den Kindern eine Puppe, der „Butz" (Winter oder Tod) herumgetragen, eingegraben, verbrannt oder sonstwie beseitigt, da ihm allgemein nach dem Volksglauben verderbliche Kräfte anhaften.[3]
Die Zeitschrift „Deutsche Gaue" bringt noch 1930 eine Beschreibung aus Oberstaufen: „Besonders bezeichnend für die Fastnacht ist der Butzbe, der am Fastnachtsdienstag auftritt ... Der Butz hat ein Larventuch, an dessen Innenseite Rollen sind ..., einen Besen ...". Während des Essens und Tanzens treibt er allerlei Unfug. Bei den ersten Klängen der Abendglocke macht er ein paar Sprünge und fällt um. „Jetzt ist der Butzbe tot“. Dann wird er hinausgetragen und hat seine Rolle ausgespielt.
Er ist nach allem der alte Winterdämon. Von Birlinger [4] erfahren wir aus Ertingen: „Am Aschermittwoch wird die Fastnacht in Gestalt eines alten Weibes begraben .... Am Morgen früh läuft eine Menge Hexen unter entsetzlichem Geheul und Jammern umher, um die Fastnacht zu suchen, bis sie dieselbe irgendwo liegen finden. Jetzt aber wird ein großes Klagegeheul erhoben, wobei die Manieren der Weiber köstlich verhöhnt werden. Am Nachmittag wird die Fastnacht feierlich in einer Mistgrube begraben, nachdem sie ein langer Leichenzug auf einer Mistkärre im Dorf umhergetragen hat."

Ein ähnlicher Brauch war bei den Sathmarer Schwaben üblich: Ein Mann oder Bursche wird ziemlich betrunken gemacht, danach erhält er Ruten- oder Stockhiebe, wird unter Spott und Gelächter auf einem Mistschragen herumgetragen, an Ketten herumgeführt oder aufgeputzt, als säße er auf einem Esel oder Kalb. So büßt die „böse Fasnet" ihre Sünden und wird schließlich in einem Graben oder Loch bestattet. Dieses Tun war bei den älteren Leuten immer verrufen von den jüngeren wurde es eingeführt, war aber nicht allgemein üblich.[5]

Ist es der Winter, der vergraben, in andern Gegenden verjagt wird, oder rüstet man sich jetzt für die Fastenzeit, nachdem die Ausgelassenheit und alle Lustbarkeiten der Fastnacht und des übrigen Jahres weggetan sind?

Aus Pfauhausen bei Plochingen hören wir um 1900: Ein „Bär“, ein in Stroh gebundener Knabe, mit Beißkorb und Ketten versehen, wird herumgeführt, die dem Zug folgende Schuljugend singt:

„Ei sehet doch, der Bär, der Bär,
mit schwerem Schritt trabt er daher
der Mann dort mit dem Ranzen,
der lasset ihn hübsch tanzen!“

[1] Bloch I, 161
[2] Wolfram, 43f
[3] Kolesch, 134
[4] Volkstümliches aus Schwaben, Sitten und Gebräuche Freiburg i. B. 1862, 44

[5] vgl. Heimatbuch der Sathmaren Schwaben Wangen im Allgäu 1952

Abbildung 30
Bild oben:
Gemeinsames Gebet der 20iger
„Der Engel des Herrn“.

Abbildung 31 und 32
Das „Fackelfier“ brennt und die jeweiligen Jahrgänge gehen singend um das Feuer.

Fotos: Gerhatd Plescher, Schömberg

S Fackelfier in Schömberg (bei Balingen)
Am „Fackelsonntag“ (immer am Sonntag nach Aschermittwoch) findet in Schömberg ein alter Frühjahrsbrauch statt. Ein großer Holzstoß wird durch den Jahrgang der 20iger zwischen Aschermittwoch und Fackelsonntag aufgebaut und bewacht. Am Sonntag nach dem Betzeitläuten wird beim Holzstoß, ein in Schömberg allgemein bekanntes Gebet „Der Engel des Herrn“ gesprochen. Früher durch einen Vorbeter, heute durch den Jahrgang der 20iger. Danach wird der Holzstoß angezündet. Die Jahrgänge zwischen 14 und 20 Jahren treffen sich bei der Stadtkirche. Jeder Jahrgang (die 14jährigen beginnen) geht nun zum Feuer bzw. um das Feuer und singt das Lied „Ade nun gehts Zuende“. Danach werfen sie ihre „Strohexen“ ins Feuer. Mit dem Lied „Der Wächter auf dem Türmlein saß“ geht es zurück in die Stadt ins Wirtshaus. Nun folgt der Jahrgang der 15jährigen usw., alle singen sie dieselben Lieder und die Zuschauer bzw. die Bevölkerung singt mit. Der wichtigste und damit letzte Jahrgang sind die 20iger. Sie sind es die viele Bräuche (Fasnet, Fronleichnam, Allebär usw.) mittragen und mitgestalten. Sie kommen mit den Lied „O Straßburg“. Sie werfen ihre in 7 Jahren zusammengekommenen „Jahrestafeln“ und die „Hexen“ ins Feuer. Mit dem Lied „Jetzt fängt das schöne Frühjahr an“ endet das „Fackelfier“ und man geht „einkehren“.
Gewährsmann: Jürgen Riedlinger, Schömberg.

Eine ähnliche Rolle spielt in anderen Versen das Pferd. Kolesch hält diese Bräuche für Reste eines Vegetations-Dämonen-Glaubens und Kultes, „in denen die Dämonen aufgefordert und durch Umgänge gezwungen werden sollen, beim Anbruch des neuen Erntejahres ihre Pflicht zu tun“.[1]

Eine prächtige Überlieferung des Fastnachtstreibens haben wir in Rottweil: den großen Narrosprung. „Rund 300 Masken kommen da hereingehüpft, jeder mit etwa 50 runden Schellen behangen. Man kann sich vorstellen, wie das tönt, wenn gegen 15 000 Schellen gleichzeitig erklingen!“ [2] Wolfram erkannte in diesem Sprung einen bei den englischen Morristänzern sehr gebräuchlichen Schritt. Ob es Zufall ist oder ein letzter Rest der auch bei uns einst getanzten Moriske?

Das großartigste Maskenlaufen war wohl der „Schembart" (Schön-Bart-Maske) in Nürnberg. 1349 erteilte Kaiser Karl IV. den Metzgern und Messerschmieden die Erlaubnis dazu. 1467 verkauften sie das Recht des Schembartlaufens auch an andere Gesellschaften. 1539 fand das Fest zum letztenmal statt. Damit verbunden war auch eine Reihe von Tänzen, natürlich Männertänze, Schwerttanz, Reiftanz, „Tanz der Metzger“ (auch ein Kettentanz, bei dem sich die Tänzer an kleinen Lederringen halten). „Der Schembart war in Deutschland die einzige öffentliche Begehung der Fastnacht. In anderen Städten fand sie, obschon mit Masken, in geschlossenen Räumen und Sälen statt“. [3]
(siehe Abb. Schwerttänze)

Beim Cannstatter „Kübelesmarkt“ 1957 waren über tausend Narrenmasken beim traditionellen Umzug vertreten. Cannstatt ist das Domizil der schwäbisch-alemannischen Narrenzunft „Kübelesmarkt“ mit dem „Oberkübler“ als Zunftmeister. Auch auswärtige Narrenzünfte waren der Einladung gefolgt: Aulendorf, Schramberg, Haslach, Offenburg, Schwenningen, Weingarten, Konstanz, Lauterbach, Bad Dürrheim und andere. Die traditionellen Cannstatter Narrenmasken sind die Felben und Mondlöscher. Hier haben wir es noch mit einer echten Brauchtumsfasnet zu tun.

[1] Kolesch, 133
[2] Wolfram , 55
[3] Böhme I, 69

Im Frühjahr

An Ostern: Ipftanz [4]

„Am Westrande der Riesebene erhebt ein erinnerungsreicher Berg seinen Gipfel 200 m über die Umgebung: Der Ipf. Kehren wir geistig in die Zeit der alten Germanen zurück, so begegnen wir einem alten Brauche auf dem eben bezeichneten Berge: dem sog. Ipftanz, einer Osterfeier auf lichter Bergeshöhe! Schon zu heidnischer Zeit hat dort oben das Fest der sieghaften Frühlingssonne mit tanzfrohem Gelage stattgefunden. Das christliche Mittelalter jedoch wählte hierfür als Festtag den Ostermontag. Ein feierlicher Zug begab sich auf den historisch bedeutsamen Bergrücken: Geistliche, Lehrer, Schüler, Bürger der Umgebung, der Magistrat von Bopfingen, der Abt des näher gelegenen Klosters Neresheim sowie der gesamte benachbarte Adel ... Der Stadtpfarrer von Bopfingen lieferte nach altem Herkommen einen riesigen Osterfladen". Es folgte ein gemeinsamer Festschmaus. Zur Zeit der Reformation wurde die Feier unterlassen, später jedoch wieder eingeführt. „Zuerst fand ein dreimaliger Umritt statt um den auf dem Ipf gebildeten Tanzkreis. Dann folgte der Vortanz , ausgeübt vom gräflichen Landvogt oder in Stellvertretung vom Forstmeister oder aber auch vom Landgerichtsschreiber. Dabei wurde Geld unter die Jugend geworfen. Während der Tanzpause gab es Wettspiele verschiedenster Art unter Aussetzung von Geldpreisen. Da mühte man sich und plagte sich ab, zeigte List und Schläue, und fürwahr, alt und jung fehlte es nicht am rechten Humor, an Witz und Freude." 1806 wurde der Ipftanz abgeschafft.

Der Eierritt in Haid bei Saulgau [5]

Er fand statt zur Osterzeit, an einem Sonn- oder Feiertag. Zwei Reiter wurden von den ledigen Burschen gewählt. Vom Wirtshaus aus waren etwa 100 Pfähle in bestimmten Abständen längs der Straße eingeschlagen. Oben auf jedem Pfahl lag ein Ei. Nach dem Mittagessen ging das Fest an: Beide Reiter tanzten im Wirtshaushof die zwei Vortänze mit den schon vorher bestimmten Mädchen.

[4] Bayrische Heimat, Beilage der Münchener Zeitung Nr. 27, 1934
[5] vgl Birlinger II, 86

Abbildung 33

Der Ipftanz

Eine uralter Brauch ist der Ipftanz (später Ipfmesse).

Quelle: Hesselbergmesse und Ipfmesse von Eugen Hezel
Verlag des Schwäbischen Albvereins 1911
Original: Stadtarchiv Nördlingen

Abbildung 34

Das Eierlesen

Viele Eierbräuche und Wettspiele der verschiedensten Art gab und gibt es bei uns. Bild: Johann Babtist Pflug
Das Eierlesen - Tempara auf Papier 19,5 x 26 cm
Braith-Mali-Museum Biberach an der Riß Inv. 6115
Foto: Fotostudio Mock

Danach folgte der Eierritt. Der eine ritt Saulgau zu und mußte ein Brot als Wahrzeichen zurückbringen. Der andere mußte vom Pferde aus die Eier herunterholen und einem Wannenheber zuwerfen, der sie in eine Wanne voll Spreu legte. Bei jedem Pfahl stand ein Mädchen mit einem Kranz auf dem Kopf und einem Strauß in der Hand. Nach dem Eierritt suchten sie ihre Sträuße „an den Mann" zu bringen. Gelang ihnen dies, so war die Betreffende die Tänzerin des Jünglings für den Abend. Im Wirtshaus erhielten die Reiter ihre Belohnung. Sie hatten auch das Recht der Vortänze. Dann tanzten die ledigen Burschen, die Sträuße angenommen hatten. (Diese bevorzugten Paare saßen übrigens an einem eigenen Tisch). Später erst war die Bahn frei für alle.

An Pfingsten

Ähnliche Bräuche wie an Fastnacht finden wir an Pfingsten. Der „Pfingstfriederle“ [1] in Schwamm bei Neuenbürg: „Am Pfingstmontag nachmittags ... zogen ledige Burschen, welche noch nicht lange von der Schulpflicht enthoben waren, in den benachbarten Wald, wo es am meisten sogenannte Pfriemenstöcke, sonst auch Pfingstreis, Ginster, gab.... schnitten sich jene Reiser, besonders solche, die am schönsten blühten, und umflochten den herzhaften Kameraden, der am besten reiten und sitzen konnte, vom Fuße bis zum Kopfe so dicht, daß nur Augen, Mund und Nase ein wenig freiblieben. So, mit Bändern geziert, Pferde wie Reiter, wird der Pfingstfriederle mit schwerer Mühe zu Roß gesetzt. Zwei der größten Kameraden ... reiten ihm zu beiden Seiten, während sie ihn an beiden Armen möglichst festhalten ..." Der Zug bewegt sich in strenger Ordnung, vorne die Reiter, im Anschluß die übrige Jugend zu Fuß, durch die Hauptstraße des Dorfes. Nachdem der Pfingstfriederle in einer Scheuer wieder enthüllt ist, erfolgt das Einsammeln der Gaben (Eier, Schmalz, Butter und Geld). Aus diesem Vorrat wird ein gemeinsames Mahl zubereitet, vom Geld die Getränke bezahlt.

[1] Pf. Kazmaier = Bohnenb. Jg. 1914/15 Nr. 3, 23

Aus Hütten (Krs. Münsingen) erfahren wir über den Lazmann [2] (ahd. laz = träge; Latz = herabhängender Tuchplätz, Lumpen, vgl. Kinderlatz):
„Er war unter diesem Namen um die Donau her oft ausgeführt in der Sache zusammentreffend mit Pfingstbutz, Pfingstlümmel, Pfingstdreck, Pfingsthagen usw. und gehörte mit diesen zu den Pfingstumzügen, die ehemals ein Vorrecht der „Roßbuben" und sonstigen mit der Sommerhut betrauten Burschen gewesen zu sein scheinen...Der Lazmann selbst ist völlig verhüllt, aber nicht, wie anderwärts... mit frischem Laub, sondern mit Stroh. Dafür erscheint das Frühjahrszeichen ausdrücklich in dem „Maien", einem frischgrünen Bäumlein mit Bändern und Schellen behängt und vom Fahnenträger getragen.“
Mit Sprüchen wird in den einzelnen Bauernhäusern gesammelt: außer Geld alle Nahrungsmittel, aus denen sich ein Eierkuchen zusammensetzt (vgl. Osterfladen beim Ipftanz). Der Kuchen spielt im Brauchtum eine große Rolle. Mehr darüber steht beim Sieder- bzw. Kuchenfest zu Schwäbisch Hall.

Der „Butz" begegnet uns also in zweierlei Gestalt: In Stroh gehüllt verkörpert er den trägen, faulen Winter, der endgültig weichen muß, in Laub und Blumen gehüllt wird er als Sommer hereingeholt und vom ganzen Volk jubelnd begrüßt und gefeiert.

In weit ältere Schichten jedoch weist eine Erklärung Hans von der Au's , ausgehend vom „Bajeßmann“, einem Spessarter Volkstanz: [3] Der laubumhüllte Butzemann an Pfingsten und der in Stroh- ursprünglich Stroh mit reifen Ähren oder gedörrter Flachs - gebundene Schweizerlimann (Schwitzemann, in Kärnten Haarmandl) sind im Grunde genommen die Verkörperung der Fruchtbarkeit, und zwar am Anfang des Sommerhalbjahres als zu erhoffende und am Ende desselben als die erfüllte Fruchtbarkeit (heute noch dargestellt im Maien- und Erntekranz).

[2] Bohnenberger , Jg. 1911, Nr. 1,1
[3] Gießener Beiträge zur deutschen Philologie, Bd. 60, 1938

Abbildung 35

Der Allebär in Schömberg

Der Allebär ober Pfingstbär wird von einer Gruppe Jugendlicher hergerichtet. Einer der jungen Männer wird mit Fliederzweigen ganz eingebunden und von den anderen an Seilen geführt. Währenddessen muß er zu den folgenden Versen tanzen:

Allebär rommada,
Jetzt isch dr Sommer da,
Jetzt isch die schönste Zeit,
Wo ma dia Bära treibt,
Allebär danz - d' Stifel send no ganz.

Textinformationen: Elisabeth Geiger
Foto: Oliver Pfaff Schömberg

Abbildung 36

Strohbär in Dotternhausen

Vielerorts findet man den „Strohbär“ als Fastnachtsfigur. In Dotternhausen ist das „Bärentreiben“ fester Bestandteil der Fasnet. Mit Musik und Peitschenknallen und lautem Geschrei ziehen am Rosenmontag die Bären mit ihren Treibern durch die Straßen des Ortes. An jedem Haus wird haltgemacht und man läßt den Bären zu einer Walzermelodie tanzen. Erst nachdem eine kleine Gabe im Hut des Sammlers ist zieht man weiter. Selbstverständlich wird auch in den Wirtschaften eine Aufführung gemacht. Hier dauert der Aufenthalt meist etwas länger bis der Bär „getränkt“ ist. Bild und Text aus der 1988 erschienen Broschüre, „50 Jahre Narrenzunft Mondstupfer Dotternhausen“.
Foto: Narrenzunft Dotternhausen

„Die Fruchtbarkeitsgestalt, die allgemein üblich war, ist bei der bäuerlichen Frauenarbeit schlechthin, der Flachsbereitung, zu einer besonderen Gestalt geworden, wie der Name Schwitzemann (= schwitzen = dörren) ausweist, und hat sich in dieser Form außerordentlich weit verbreitet ... Vom Sitz im Flachsbrauchtum ist die gleiche Figur dann zur weiblichen Fruchtbarkeit in besondere Beziehung gesetzt worden. Bei Hochzeiten und Kindstauffeiern hat sie sich bis zur Gegenwart, wenigstens im Tanzlied, erhalten“. [1]

Aus der Schwäbischen Türkei:
„Drei lederne Strümpf,
und zwei dazu sind fünf,
und wenn ich ein verliere,
so hab ich nur noch viere."

„ Zwizermann hat Hosen an
siebenundsechzig Lappen dran,
Lippen, Lappen, Lippen, Lappen ..."

Vom 2. Teil des Liedes gibt es noch viele andere Fassungen:

Aus Oberhessen:
„Hannemann hat Hosen an
mit hundert Lappen dran "

Bei Erk - Böhme:
„Hans hat Hosen an,
und die sind bunt,
dran sind Nesteln viel,
und die sind rund."

(Vgl. die verschiedenen Namen derselben Gestalt!)

Hans von der Au bringt nun Bajeßmann = Bajazzo in Verbindung mit ital. paglia = Stroh, pagliaccio = Bajazzo. Weiter schreibt er: „Da gibt es in Hochwiesen, einer deutschen Sprachinsel in den Karpaten, bei dem dort noch heute üblichen Schwerttanz die Figur des Lazzo, der eine ganz in Stroh gehüllte Gestalt bedeutet, mit einer Peitsche in der Hand und einer Larve vor dem Gesicht. Während die Schwerttänzer unter sich tanzen, tanzt der Lazzo mit der Hausfrau, damit es ein fruchtbares Jahr gebe. So hoch er dabei springt, so hoch wird im Laufe des Jahres der Hanf wachsen. Auch die übrigen Frauen tanzen gern mit dem Lazzo aus dem gleichen Beweggrund heraus. Hier ist wichtig der kultische Tanz der Figur als Fruchtbarkeit sicherstellende und wirkende Handlung“. [2] (Vgl. die Sprünge und Tänze der Mädchen an Fastnacht zum Gedeihen des Flachses! Das Geräusch des raschelnden Strohs entspricht den Schellen und Glocken bei anderen Figuren.)
Den Lazzo finden wir zweifellos als Lazmann in unserem Brauchtum wieder. (Die Mischung verschiedener Ursprünge und Bedeutungen eines Namens ist möglich):

Bajeßmann als strohbedeckte Gestalt
der träge, faule Winter=Unfruchtbarkeit

Bajeßmann erfüllte oder erhoffte Fruchtbarkeit

Bajeßmann mit Tuchplätzen bedeckte Gestalt
schließlich als Narr.

Bei den meisten Schwerttänzen tritt auch ein Bajazzo auf, aber im Sinne des Narren. Es ist zwar keine tanzende Bewegung desselben bezeugt, aber aus dem Nassauischen ist sie überliefert und daher für den Lazmann als Parallelerscheinung zurückzuerschließen. Harlekin, Bajazzo, Hansel (= Schwitzemann = Bajeßmann) sind sehr alte Gestalten von einst kultischer Prägung, heute jedoch versteht man nur noch Narren darunter. [3]

Die Strohpuppe als Symbol des Winters zu betrachten, „des Unwerten, der schließlich im Kampf oder durchs Feuer vernichtet werden soll und muß“ [4] hält Hans v. d. Au für eine jüngere Entwicklung. Ich meine, hier wird der Volksglaube „als das in seiner Dynamik beständig neu Werdende" (siehe vorne) deutlich.
Wird der ursprüngliche Sinn nicht mehr verstanden, sucht man nach neuen Sinngehalten. Die Vorstellungen vermischen sich und lassen sich nachträglich nur schwer voneinander lösen (vgl. vorne Hullenfrau und Frau Holle).

[1] Hans v.d. Au, 9

[2] Hans v.d. Au, 11
[3] vgl. Hans v.d. Au, 13
[4] ebda

Pfingstwettläufe und Pfingstritte

Auf der Balinger Alb und in Donnstetten hatten die Roßbuben ihre besondere Pfingstfeier. Sie durften am Pfingstmontag „den Pfingstmaien umtragen und am Sonntag vor Pfingsten einen Wettritt abhalten. Der Sieger im Rennen bekam beim Umzug den Maien zu tragen, eine mit farbigen Tüchern geschmückte Birke. .....Das Maientragen erhielt sich auch, als die Roßweiden aufhörten und die Roßbuben überflüssig wurden. Ein Wettlauf bestimmte nun den Maienträger“. [1] Verbunden war damit auch wieder das Einsammeln von Lebensmitteln, um einen Eierkuchen zu backen. 1868 wurde der Brauch vom Pfarrer wegen Bettelei abgeschafft.
„Als Kernbestand (von Pfingst- oder Frühlingswettläufen) aber kann gelten, daß der Sieger im Wettkampf den „Maien" davonträgt, sei es einen Baum oder Busch, einen Zweig oder einen Kranz. Und mit dem Maienlaub gewinnt er Glück und Segen für sich und sein Haus“. [2]
Der Kranz gilt besonders als Träger der Fruchtbarkeit und des Segens; ähnlich dem „Zauberkreise" schützt er daneben vor Unheil, hält feindliche Mächte fern: Brautkranz, Erntekranz, Siegerkranz.

Auch einfache Flurumgänge, -umritte und Prozessionen waren ursprünglich Fruchtbarkeitsriten. „Schreiten, Tanzen, Fahren oder Reiten, gemeint ist stets das gleiche: Durch die Raschheit der Bewegungen oder das stetig sich erneuernde Gleichmaß künstlich geordneter Schritte glaubte man die Wirksamkeit der Begehung ebenso erhöhen zu können wie durch dreimalige Wiederholung“. [3]

Diese Flurumgänge wurden von der Kirche häufig zu Bittgängen umgeprägt: „In allen katholischen Gemeinden wurde sonst am Himmelsfahrtstage die Eschprozession, der Eschgang oder Flurgang gehalten, wobei die Saatfelder gesegnet wurden. Früher umzog man die ganze Markung (beachte wieder die Bedeutung des Umgrenzens und Einkreisens), jetzt geht man bloß mitten hindurch, so daß man alle Grenzen übersehen kann. An vier Stellen wird haltgemacht und ein Stück aus allen vier Evangelien gelesen; dazu wird dann jedesmal auch der Wettersegen gesprochen und ein Kruzifix herumgetragen ... In neuerer Zeit hat man willkürlich den Flurgang auf den Pfingstmontag verlegt. [4]

Kirchliche Umzüge

Ein rein kirchliches Fest stellt der „Blutritt“ in Weingarten dar. Am Freitag nach Himmelfahrt wird der eingefaßte Tropfen Heiligen Blutes (1090 von der Königin Juditha gestiftet) in feierlicher Prozession durch die Felder getragen und das Korn gesegnet, daß kein Wetter ihm schadet. „Die meisten Teilnehmer erscheinen zu Pferde und in militärischer Kleidung mit Fahnen, Musik usw. Einer hat die hl. Blut-Glocke, die während des Segens beständig geläutet wird“. [5]
Gläubige aus Oberschwaben, der Schweiz, Vorarlberg und Bayern strömen herbei.

Auch an Fronleichnam finden in allen katholischen Gegenden Umzüge statt. „Der in der geweihten Hostie gegenwärtige Leib des Herrn wird an diesem Feste in feierlicher Prozession ins Feld getragen“. [6]
In vielen Ortschaften werden an den Straßen Altäre errichtet, festlich mit Laub und Blumen geschmückt, und kunstvolle Blumenteppiche schmücken die Straße vor der Kirche. So bewegt sich ein langer Zug durch den Ort.

Im Mittelalter

In die Reihe der christlichen Umzüge gehören noch die mittelalterlichen Geißlerfahrten. 1349: „Der schwarze Tod hatte Europa verheert. (Allein in Deutschland starben 2000 Dörfer aus). Große Erdbeben erregten die Gemüter. Die Endzeit schien gekommen. In solcher Not brach im Volke die Erinnerung an die Vorzeit auf. Nicht die Kirche konnte helfen. Der Bund der Männer sollte durch mutige Fahrt und besondere Opfer die Not wenden ... Im Lande bildete sich unter Bürgern und Bauern die Bruderschaft der Geißler.

Ohne den Rat der Kirche, so betont der Chronist (Hugo von Reutlingen), gingen sie auf Fahrt ...[1]

---

1 Pf. Haußmann = Bohnenbg. Jg. 1910, Nr. 4, 31 f
2 Friedr. Focke, Ritte und Reigen. Volkskundliches aus schwäbischer Gegenwart und nordischer Vergangenheit, Stuttgart, Berlin 1941, 72
3 ebda, 33 f.

4 Meier , 400
5 ebda
6 421 f
7 Müller-Blattau 51 f

Abbildung 37

Pfingsbutz in Streichen - Roßbubentanz und Wettritt

Heischevers aus Streichen bei Balingen
„Pfingstbutz bin ich genannt,
Eier und Schmalz sind mir wohlbekannt,
Weißmehl schlag ich auch nicht aus,
meine Kameraden und ich backen Dötsche daraus.“

Specialis (Decan) Roth von Balingen berichtet im Jahr 1665 an den Herzog von einem gelegentlichen Tanz der Roßbuben, welche allerorten hieroben, am Pfingstmontag nach der Predigt einen sonderbaren Platz auf dem Feld erwählen, dahin sie ganz unsinnig auf Pferden jagen, allerlei Bosheiten und Mutwillen verüben und einen öffentlichen Tanz halten.
Quelle: Volkskundeblätter aus Württemberg Hohenzollern. Herausgeber Karl Bohnenberger:
Jg. 1910 / 4 Seite 27f u. 31f. Aufzeichnung: E. Mann Stuttgart Foto: Gerd Schneider, Balingen

Abbildung 38

Geißler - Veitstanz

Bild: „Grosse Prozession“ anonyme Zeichnung 1746 / 47
Germanisches Nationalmuseum Nürnberg
Graphische Sammlung Inv. Nr. HB 26542

Abbildung 39

Blutritt in Weingarten

Bild: Lois Braun 1863 Württembergische Landesbibliothek Stuttgart, Graphische Sammlungen

In geordneter Prozession zogen sie, vorab in Süddeutschland, von Ort zu Ort. Sie trugen alle lange weiße Mäntel und auf dem Kopf Spitzhüte mit roten Kreuzen. Während sie so einherzogen, sangen sie im Chor (2-4 Vorsänger) alte Fahrtenlieder. Ihre Geißelübungen, die sie an heiligem Ort, aber außerhalb der Kirche vornahmen, wurden von einem besonderen Lied begleitet, das nur den Geißlern eigen war. Die andern Lieder waren Volksbesitz.

Aus Closners Straßburger Chronik hören wir über die Geißlerfahrten: „so sie waren uffgestanden zu ringe (im Kreise), so stundent ihr etwie manche, die die besten Sänger waren, unde fingen einen Leis an zu singende, den sungend die brüder nach, als man zutanze noch singet“[1].

Geißlergesang BÖ I, 44 Straßburg 1349

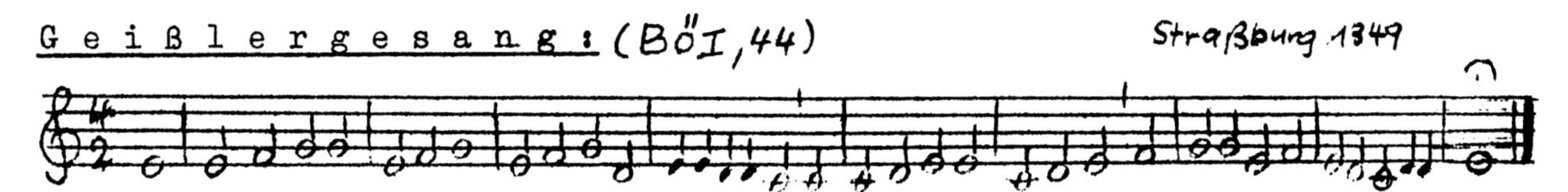

Eine andere Folge der großen Pest war die Tanzwut. Ihre Entstehung mag mit den Geißlerfahrten zusammenhängen. Unter den Verzweifelten war der religiöse Wahnsinn entstanden, man könne durch Selbstpeinigung das schreckliche Leiden von sich abhalten und Gottes Wohlgefallen wieder erlangen. Zunächst ausgehend vom Rheinland, verbreitete sich die seuchenartige Krankheit bis Aachen und in die Niederlande. 1518 (nicht 1418, wie bei Böhme zu lesen) brach sie auch im Elsaß los.

„Vielhundert fingen zu Strasburg an
zu tantzen und springen, Fraw und Mann,
an offen Marck Gassen und Strassen
Tag und Nacht, ihren nicht viel assen,
bis jn das Wüten nieder gelag.
St. Veits Tantz ward genannt die Plag" [2]

Die Aufzüge geschahen immer in derselben Form: „Vorn gingen einige Sackpfeifer, dann folgte eine Herde Neugieriger, dann die Befallenen in seltsamen Tänzen und Sprüngen, endlich die jammernden Angehörigen ... Bei manchen ... steigerte sich die Ausgelassenheit bis zum vollständigem Verlust des Bewußtseins; schäumend und brüllend tanzten sie, bis sie tot niederfielen, oder sie stürzten sich blindlings ins Wasser oder zerschmetterten den Kopf an den Wänden. So währte der Spuk in mannigfachen Variationen bis zu Anfang des 16. Jahrhunderts, wo er sich dann allmählich verlor“.[3]

Richard Wolfram [4] sagt einmal: „Auch er (der Tanz) kann beglücken oder Abgründe entfesseln, Ordnungen bauen oder niederreißen.“
Das Negative trifft zu sowohl bei erotischer wie bei religiös - wahnsinniger Übersteigerung.

Zur Herkunft des Namens „Veitstanz“ gibt es verschiedene Erklärungen.

a. Die Befallenen wurden in den St.Veits-Kapellen gepflegt und beschworen, daher „Veitstänzer“

b. Es gibt ein slawisches Wort „Swante-wit“, heiliges Licht. Es ist der Name des slawischen Sonnengottes. Die Tänze zu Ehren dieses Gottes waren ziemlich wild. Nach der Christianisierung ist eine Vermischung dieses Namens mit Sante Vjt des Gleichklangs wegen möglich. 879 entstand zu Arkona auf der Insel Rügen, wo sich der Hauptsitz des Swantewit-Kultes befand, durch Mönche von Corvey eine St.Veits-Kapelle.

[1] Böhme I, 41
[2] Böhme I, 42
[3] Böhme I, 42
[4] Böhme 1, 41

Abbildung 40
Das Narrengericht in Grosselfingen
Foto: Privatbesitz Hans Peter Saile

Abbildung 41 (unten)
Maskentreiben in Immenstadt 1872
Zeichnung von M. Neugebauer 1872 Foto: Stadtarchiv Immenstadt

Auf die große Pestzeit sollen noch weitere Tanzbräuche zurückzuführen sein, z. B. der „Schäfflertanz" in München.

In Grosselfingen (Hechingen/Hohenz.) gab es am Donnerstag vor Fastnacht ein **„Narrengericht“** . Es wurde eingeführt während einer großen Pestzeit. Ärzte hatten geraten, „die herabgestimmten Gemüter namentlich durch Gesang, Musik und Spiel wieder aufzuheitern und dadurch die Schreckbilder wieder zu verscheuchen. Zu diesem Zwecke führten die von Italien zurückgekehrten Edlen von Bubenhofen das sogenannte „venetianische Narrengericht“ ein. (Die Gruppierung des Narrengerichts - 20 Personen, an der Spitze stehend der Narrenvogt, der Major, der Ankläger, der Redmann oder Verteidiger - zeichnet die Art der Gerichtsbarkeit des venetianischen Staates).... Sie wollten aber keine Feste wie die heutigen, welche ohne Halt und Ziel wie Seifenblasen glänzen und vergehen, darum gaben sie dem Narrengerichte eine religiöse Grundlage“,[1] d. h., dem Fest voraus ging ein gemeinsamer Gottesdienst.

Alter Markt- oder Pesttanz in Immenstadt

Ein Zeitungsausschnitt (ohne Titel und Jahreszahl) erzählt über den Pesttanz in Immenstadt während des 30jährigen Krieges: „In dieser Zeit allgemeiner Trostlosigkeit gab ein Priester den Rat, öffentliche Volksbelustigungen und Tänze zu veranstalten, um neue Lebensfreude in den in Trauer und Schrecken versunkenen Gemütern zu wecken... Mit Musik zog die Menge des Volkes auf den Marktplatz, hielt Umzüge, Tänze, trieb unter Vermummung derbe Possen, kurz, an die Stelle der Trauer waren übermütiger Scherz und Freude getreten. Die Trösterin Natur hatte mit der Abwechslung den Bann gebrochen ... Lange Zeit noch führte man fast alle Jahre zum Andenken an die schreckensreiche Vergangenheit zu Immenstadt den Pesttanz auf ...

In Krenzwertheim starb die Bevölkerung (1356 große Pest) bis auf 8 Personen ... „Zur Erinnerung an die überstandene Not aber führten sie den Brauch ein, alljährlich in den Wald zu ziehen und um einen Baum zu tanzen, wie man es sonst bei Frühjahrstänzen um den Maibaum findet. Der Tanzbaum wurde gefällt, verkauft und der Erlös zur Deckung der Lustbarkeitsunkosten verbraucht". Vielleicht lebte hier in der Bevölkerung noch die alte Vorstellung vom Baum als dem Segens und Lebensträger!

„In Weingarten wird am Fastnachtsonntag, -montag und -dienstag nachmittags um das Rathaus getanzt. Dieser Brauch rührt daher, daß früher in Weingarten infolge einer ansteckenden Krankheit alles bis auf einige Paare ausstarb. Aus lauter Freude, daß nunmehr die Seuche aufgehört hat, tanzten die wenigen Übriggebliebenen auf dem Rathausplatze. Einige Platzmeister mit Fähnlein und großen Sträußen am Arme gehen vor Beginn des Tanzes in den Wirtshäusern umher, tanzen daselbst und erhalten alsdann eine Gabe, worauf sie zum Rathausplatze zurückkehren.

Alter Markt- oder Pesttanz in Immenstadt
- von den Pfeifern gespielte Tanzweise
(im Registerbuch nicht als Pesttanz genannt)

[1] Birlinger II, 37

Abbildung 42

Tanzlinde in Effelder - Thüringen 1707 (oben)

Linden in denen man tanzen konnte, waren früher weit verbreitet. In Thüringen und auch in Hessen sind einige Tanzlinden erhalten geblieben. Die Informationen verdanke ich Walter Kögler. Die Bilder sind von Jörg Christoph Pfisterer.

Abbildung 43

Dorflinde in Sachsendorf

Manchmal saßen die Musikanten einen „Astkranz“ höher und spielten über den tanzenden Paaren. In einer lauen Sommernacht ist ein Volkstanzfest in einer Tanzlinde sicher ein unvergessliches Erlebnis.

Ansicht anno 1914

Dasselbst sind dann schon Musikanten, mehrere Masken und viele Zuschauer. Es werden nun 3 Tänze aufgespielt, wozu die Masken und Platzmeister tanzen; ihre Tänzerinnen holen sie aus der Zuschauermenge.[1]

Ob hier wirklich bloß die Freude den Ausgangspunkt für den Tanz bildete? Die „drei Tänze“ weisen auf eine genaue Regel hin (s. unten: Ehrtänze bei Hochzeiten). So müssen z. B. bei Naturvölkern die Tänze des Medizinmannes genau geregelt sein, sonst bleiben sie ohne Wirkung.
Der Tanz geschieht an einem besonderen Ort, vor dem Rathaus nämlich, also bei der Gerichtsstätte. Auch früher pflegte man an diesem Ort zu tanzen, um die Dingstätten, Gerichtslinden. Also auch hier vielleicht ein ernsthafteres Tun, dessen ursprünglicher Sinn später nicht mehr verstanden wurde.

2. Brauchtum im Tanz

Allgemeines zum Tanz um einen Gegenstand

Das Umtanzen kann in zweifacher Weise wirken: entweder der Mitte zu, indem es die guten Kräfte herzieht und an den Tanzenden bindet, oder in dem es eine schützende Grenzlinie zeichnet, die alles Böse abwehrt (Zauberkreise).

Bei kultischen Tänzen ist die Bewegungsrichtung entscheidend für den Sinn der Handlung: „Bewegt man sich wie die Sonne, befindet man sich im Einklang mit ihr ... Das Umkreisen mit der Sonne drückt ... die Bindung zum Umkreisen aus: An das Göttliche im Heiligtum, an das neue Heim und den Sitz seiner guten Geister beim Umtanzen des Herdes durch die Braut“.[2]

Die Bewegung gegen die Sonne ist einmal der Weg des Unguten, zum andern aber gilt sie auch „als schützende, ein- oder ausschließende Abwehr“.[3]

Unter „Tanzrichtung" versteht. man heute allgemein die Bewegung „gegensonnen". Wolfram hält dies für eine spätere Entwicklung, die mit den Rundtänzen zur Herrschaft gelangte.

[1] Birlinger II, 34
[2] Wolfram, 32
[3] ebda

Tanz um den Baum

Zu Umkreisungen seien sie geschritten, getanzt, gefahren oder geritten, sagt Focke [4] : „Ehe sie um Kirchen und Kapellen gingen, bewegten sie sich am Totenmale, um einen Grabhügel mit einem Stein, einem Pfahl oder Baum, einem Kreuz oder Radkreuz darauf. An deren Stelle trat dann wohl ein christliches Kreuz, ein Baum mit einem Andachtsbild, eine Kapelle oder Kirche“.

Auf dem „Schlößlesberg“ befinden sich 6 Gräber der Hallstattzeit (800-400 v.Chr.). Eines davon **i**st leicht zu erkennen: eine Grundfläche von 30 m Umfang, ein Hügel von 5 m Höhe, oben abgeflacht, eine festgetretene Kreisfläche von ca. 7 m Durchmesser. In der Mitte steht eine Linde. „Auf dieser Hügelkuppe und um die Linde herum pflegte die Jugend von Bühl (halbwegs zwischen Rottenburg und Tübingen) zum Klange von Mund- oder Handharmonika mehr oder weniger heimlich zu tanzen“. [5]

Auf dem Eichbuckel bei Dusslingen stehen mächtige alte Linden und Eichen. 1896 hat Johannes Dorn dort 6 Hallstattgräber ausgegrabem. „Rund um die dorfbeherrschenden Fürstengrablinden ist nun für die Dusslinger Jugend ein Tanzplatz.“ [6]

Im Dorfe steht die **Linde** (Gerichtslinde, nicht Totenstätte) möglichst an einer erhöhten Stelle. Manchmal findet man den Gerichtsplatz einer günstigeren Lage wegen auch außerhalb des Dorfes.
Oft liegt in der Nähe eine ehemalige Grabstätte als schon längst geweihter Ort.
Der Tanz um die Linde ist wohl der Prototyp des Dorf- und Volkstanzes. „Es ist dabei festzustellen, daß dem Tanze auf dem Lande immer eine Zweckbestimmung zu Grunde lag. Deshalb tanzte die ländliche Bevölkerung nur an den für die Frucht des Ackers oder für das Dasein des Menschen bedeutungsvollen Zeiten: Fastnacht, Mai (Pfingsten), Ernte, Geburt, Hochzeit, Tod. Die sonntäglichen Tanzbelustigungen im Wirtshaus sind erst sehr viel neueren Datums“. [7]

[4] 11
[5] Wolfram 22
[6] ebda 27
[7] Bloch I, 162 ff.

Abbildung 44 **Bändertänze**
6 große Bändertänze mit je 30 Paaren wurden beim 100 jährigen Jubiläum des Schwäbischen Albvereins 1988 in Stuttgart von den „Albvereinsvolkstanzgruppen" getanzt. Foto: Rolf Uttenweiler
Abbildungen 45 und 46
Am 01. Mai wird vielerorts um den Maibaum getanzt. Links der Bändertanz am 01. Mai in Dürrwangen beim Haus der Volkskunst. Foto: M. Stingel Rechts: Der Bändertanz in Schorndorf 1956 Foto: G. Kendel-W.Laue.

„Nach der heute wohl als sicher anzusprechenden Deutung werden der Baum und seine Entsprechungen umtanzt, weil er als nächstliegender symbolhafter Träger leicht sichtbaren Lebens in seiner polaren Doppelheit von Wachstum nach oben und unten zugleich kultische Verehrung besaß, und darüberhinaus als Spender von Leben und Segen angesehen werden kann.
Beides erwartet man nach der heute freilich nicht mehr bewußten Auffassung, aber doch nach dem unbewußten Empfinden des Volkes, das viel mehr aus der Sitte als bewährter und daher geheiligter Überlieferung denn aus verstandesmäßigen Gründen handelt, vom Tanz um den Baum“.[1]

Dabei scheint eine Art Ringelreihen, indem man sich an den Händen faßt, das Ursprüngliche zu sein. Aus vielen Gegenden wird berichtet, daß nur unbescholtene Mädchen beim Baumtanz teilnehmen durften.

Verwandt mit dem Lindentanz ist der Tanz um den **Maibaum**. „Daß es die in dem Maibaum, genauer die in seiner grünen Spitze sich erzeugende Erneuerungskraft ist, auf die sich diese Tänze ursprünglich beziehen, geht auch daraus hervor, daß das Mai - Brauchtum Verwandtschaft mit Fastnachtsbräuchen aufweist“. [2]
Die Sitte des Maibaumumtanzens taucht belegmäßig zum erstenmal 1225 in Aachen auf.

In Süddeutschland kommt es vor, daß der Maibaum auch dem „Bandltanz" dient. Oft ist der „Bandlbaum", von dessen oberem Ende bunte Bänder herabhängen, beweglich und wird am jeweiligen Tanzort aufgestellt oder gehalten. Vielleicht kann man bei dem Umflechten des Stammes durch die Tanzbewegung Fruchtbarkeitssymbolik denken, die uns auch sonst beim Binden von Bäumen in besonderen Zeitpunkten begegnet. Der Bändertanz symbolisiert natürlich auch das Weben. Maibäume werden heute allerorts noch aufgerichtet, der Tanz jedoch findet nur noch selten unter dem Maibaum statt. Er ist ins Lokal gewandert.

Dieselbe Bedeutung wie der große Maibaum haben auch die „Maien", kleine Birken oder Tannen, welche die Burschen ihren Mädchen in der Nacht zum ersten Mai auf's Dach oder vor das Fenster stecken. In manchen Gegenden wird den **„**Herren" (Pfarrer und Wirt) ein solcher Maien vors Haus gepflanzt.
Wir haben den Maien schon bei Umzügen zu Pfingsten kennengelernt. Aus Sauggart wird berichtet:

[1] Hans v. d. A u , Das Volkstanzgut., 42
[2] Focke, 31

„Was den Lazmann auszeichnete, war der Tannendolder auf seinem Kopf“. [3]
Nach altem deutschem Recht erhielt derjenige als Symbol einen grünenden Zweig, der Grundbesitz erwarb. [4] (Wie eng früher Recht und Volksglauben verknüpft waren)
Vielleicht stammt daher heute noch die geschmückte Birke beim Richtfest, ehemals Rechtssymbol und Segensträger.
Eine sprichwörtliche Redensart besagt dasselbe: *„Auf einen grünen Zweig kommen",* das heißt zu Wohlstand und Erfolg gelangen.

Der Rosenkronentanz oder kurz Kronentanz zur Sommerzeit oder beim Kirchweihfest hat sich am Niederrhein und in Holland-Belgien am längsten erhalten: Eine mit Bändern geschmückte Blumenkrone wird über der Straße aufgehängt und darunter getanzt. Bei uns in Schwaben ist dieser Tanz nicht erwähnt.

Über Mädchenreigen berichtet Focke: [5]
„In Rottenburg-Ehingen kamen an Sommerabenden die Mädchen auf dem „Platz" zum Ringsingen zusammen. Sie bildeten einen großen Reigen und sangen, immer im Kreis herumlaufend, Hand in Hand. Buben waren ausgeschlossen, aber mitten im Kreis Stand ein Vorsänger und sang. Dreimal trat er mit gezogenem Hut auf ein Mädchen zu. Dann wand dieses Bänder um seinen Hut, er schwang ihn und sang einen Dankesvers, dem wiederum gemeinsames Singen folgte“.
Vielleicht ist dies ein Rest des alten Kranzsingens.

Seb. Franck 1542 [6] zählt unter den Gebräuchen in Franken am Johannistag auch folgenden auf: „Die Mädchen machen Rosenhäfen (irdene durchlöcherte Töpfe, mit Rosenblättern verklebt, eine Art Laterne) ... und hängen sie in der Höhe zum Fensterladen heraus. Da singt man alsdann um einen Kranz Meisterlieder. Sonst auch oftmals zur Sommerzeit, so die Mädchen am Abend in einem Ring herum singen, kommen die Gesellen hinzu und singen um einen Kranz reimweis vor. Welcher das Beste tut, der hat den Kranz."

[3] Birlinger II, 121,
[4] Ruth Lorbe, Das Kinderlied in Nürnberg, Nürnberg 1956, 116
[5] 58
[6] zit. bei Böhme I , 52

Abbildung 47

Sonntagnachmittag bei der Dorflinde in Betzingen

Aquarell von Reinhold Braun um 1861.
Württembergische Landesbibliothek Stuttgart,
Graphische Sammlungen

Abbildung 48

Das Feuerspringen

oder der St. Johannistag im Brachmonat. Tempara
Papier 20, 5 x 25 cm. Inv. Nr. 6111.
Braith-Mali-Museum Biberach/Riß. Foto: Mock.

Zum Neujahr war früher das „Kränzlein-Ersingen" auch in Schwaben üblich. Der fromme Bruder Heinrich Suso [1] (gestorben 1365) berichtet aus seiner Jugend:

„Als zu Swaben in seinem lant an etlichen steten gewonheit ist an dem eingenden jar, so gant die jungling auz des nachtes in unwissenheit und bittent des gemeiten, daz ist, sie singent lieder und sprechent schöne geticht, und bringent ez zu, wie sie mugent mit höflicher weis daz in irin liep schapelin gebent."

Das Kranzsingen oder „Singen umb Kräntz an den Abendreyen" wird verboten durch das alte Amberger Stadtbuch 1554:

„Keine Jungfraw oder Maid soll den Handwerksgesellen und Knechten an einem Abendreyen einen Kranz zu ersingen geben". [2]

Auch aus Straßburg, Freiburg i. Br. und andern Orten liegen Verbote vor gegen das „Kränzlein zu singen" und den „Reihen zu springen".
Und der Grund dafür? „Jünglinge suchten den Mädchen den Kranz abzugewinnen, weil ihnen dessen Besitz ein Recht über das Herz und die Liebe des Mädchens einräumte". [3]

Tanz um das Feuer

Schon von den Germanen wissen wir, daß die Sonne göttliche Verehrung genoß. Als ihr Sinnbild betrachteten sie das Feuer oder bewegte feurige Räder. So ist es nicht verwunderlich, daß das Feuer im Brauchtum eine große Rolle spielt, und zwar meist als läuternde, das Schlechte verzehrende und somit segenbringende Kraft.

Am ersten Sonntag nach Fastnacht wird besonders in Oberschwaben der Funkentag gefeiert. Auf den Bergen brennen die „Funkenfeuer".
Feurige Holzscheiben werden in die Luft geschlagen (nach dem Bertelsman Lexikon ein alter Fruchtbarkeitsbrauch).
Birlinger [4] vermutet ursprünglich einen Götterkult. Donar thront nach der Anschauung des Volkes auf Berggipfeln und schleudert seine Blitze. Man könnte sich die Bergfeuer und Feuerräder schon als Reste ehemaliger Brandopfer vorstellen; ob für Donar oder den Sonnengott, ist schwer zu entscheiden.

In diesem Zusammenhang muß das „Saatleuchten" (Heuberg) [5] oder „Dem-Samen-Zünden" erwähnt werden: Buben gehen in Prozession mit Fackeln auf den Kornösch, dabei beten sie den Rosenkranz. Das Getreide soll wachsen und vor Gewitter und Hagel geschützt werden. (vgl. die Flurumgänge an Himmelfahrt).

„Im Feuer scheint besondere Kraft zu liegen, besonders, wenn es kirchliche Weihung erhalten, aber auch ohne diese hat es besondere Wirkungen.
Nach Kuhn ... gedeiht das Korn, soweit man das Feuer leuchten sieht".[6] Also wieder ein Beispiel für das Verschmelzen von heidnischem und christlichem Glauben.

Früher steckte zuweilen im Scheiterhaufen eine Strohpuppe, mit lumpigen Kleidern angetan und einem Strohhut bedeckt. Sie stellte eine Hexe dar und wurde verbrannt (vgl. Fastnachtvergraben bzw. verbrennen). Mehrere hundert Menschen nahmen daran teil, alte und junge, und sangen ein geistliches Lied. [7]

Aus Wurzach heißt es:

„Nach dem Betläuten gehts von allen Seiten zum Berg, wo der Funken angezündet wird. Nachher gehts wieder zu den Mädchen, wo Kaffee, Schnaps, Birnenbrot und geräuchertes Fleisch nicht fehlen dürfen. Dann geht der Tanz an, der auf dem Hausgang, in Kammern und Stuben stattfindet und wo die Mädchen ohne Ausnahme alle in Strümpfen tanzen". [8]

Zur Fastenzeit durfte eigentlich nicht mehr getanzt werden, daher vielleicht das „strümpfig" Tanzen?

„Auf dem Bussen wird der Funkentag auch feierlich begangen. Holz und Stroh wird in Massen auf den Berg geführt, eine Stange in der Mitte eingetrieben, das Holz angezündet und darum getanzt im Angesichte einer großen Menge von jung und alt". [9]

---

[1] zit.b. Böhme I, 52
[2] Böhme I, 52
[3] Böhme I, 52
[4] II, 62 f.
[5] II, 65, 71
[6] II, 65 f
[7] vgl. Meier, 380
[8] Birlinger II, 64
[9] Birlinger II, 68

Abbildung 49

Schluß der Ernte, Ulmer Alb.

Aquarell von Reinhold Baun 1858
Württembergische Landesbibliothek, Graphische Sammlungen

Abbildung 50

Sichelhenke und Hahnentanz im Steinlachtal.

N. d. Natur gezeichnet von Friedrich Ortlieb. Um 1868
Haus der Volkskunst in Balingen Dürrwangen

Hier zeigt sich nun schon große Ähnlichkeit mit den **Sonnwendfeuern,** auch Johannisfeuer (Oberschwaben), Himmelsfeuer (Gmünd), Kranzfeuer (Neckarsulm), Zündelfeuer (Ehingen), Sinkenfeuer (Hohenzollern - Federsee) genannt.
Es ist auffallend, daß wir diese Feuer, mit wenigen Ausnahmen (Blautal) nur in katholischen Gegenden Schwabens vorfinden.
Wir sprachen in der Einleitung vom „Pietismus". Zu dieser Zeit lag den Menschen nicht viel an Festen und Feiern; viel altes Brauchtum, nicht mehr gepflegt und „gebraucht", geriet in Vergessenheit.
Bis heute sind die Protestanten nüchtern in diesen Dingen. Sie haben eine andere Lebenseinstellung. Diese andere Lebenshaltung kommt z. B. auch äußerlich in der Ausstattung der Kirchen zum Ausdruck. Fastnachtsbrauchtum und echter Karnevalsbetrieb liegen den Evangelischen letzten Endes nicht. (Die heutigen Faschingsbälle liegen auf der Ebene allgemeiner Tanzveranstaltungen.)

K.F. von Leoprechting [1] schildert das Fest aus dem Gebirgsteil des Lechrains aus der Mitte des vorigen Jahrhunderts:
Um einen künstlich aufgerichteten brennenden „Baum" (Balken mit Querholz), an dem Stangen mit brennenden Besen befestigt sind, bildet alles einen großen Ring, faßt sich fest um die Hände und dreht sich nun in immer schnellerem Reihen unter dem fortwährenden Ruf: „Aho, zuahi, zuan, Simmetsfuir, aho" beständig um diesen flammenden Baum herum, bis zuletzt im Taumel an einer Stelle der Ring zerreißen muß... Erst wenn der Reigen sich mit den tief herabgebrannten Balken geendigt, beginnt der eigentliche Sprung über das Feuer, allzeit paarweise von groß und klein, von alt und jung." Wie an Fastnacht, so glaubt man auch hier, daß der Flachs so hoch gerate, wie man springt.

„Auf dem Frauenberg bei Gerhausen (Blaubeuren) feiert die Jugend den Johannisabend (24. Juni) mit Freudenfeuern, in dem Räder aus Stroh geflochten, angezündet und den Berg hinabgerollt werden". [2]
Dieser Brauch hängt sicher noch mit den alten Sonnenfesten zusammen. Das sich drehende, feurige Rad ist Abbild der Sonne.
Wir haben nicht nur eine Gemeinschaftsfeier des jeweiligen Dorfes vor uns, alle brennenden Feuer schließen gleichsam das ganze Volk zu einem großen Ring zusammen.

Vom Christentum wurde das Sonnwendfest, besonders das Tanzen bei demselben, umgedeutet in das „Johannistanzen".
Es geschah nun zum Gedenken an den Täufer. Der Tanz der Salome hatte ihm den Kopf gekostet. Man glaubte, der Haustanz in diesen Tagen schütze ein ganzes Jahr lang vor Blitz.
Speziell im Allgäu bittet man ihn um seinen Segen für Getreide, besonders für den Flachs und Hanf:

„St. Johann, mach's Werg drei Ele lang."

Tanz im Erntebrauchtum

Wir haben nun schon viele Zusammenhänge kennengelernt zwischen Tanz und Fruchtbarkeit.
Eine Hauptzeit für solches Brauchtum stellt gewiß auch die Ernte, vor allem der Ernteschluß dar.
Mit dem Schluß des Getreideschnittes ist das Brot für den kommenden Winter und die nächste Aussaat gesichert. Besondere Beachtung dabei fand früher das letzte Stück stehenden Kornes, die letzte Garbe und wer sie schnitt und band.
In vielen Gegenden ließ man die letzte Handvoll Ähren stehen, steckte einen Maien hinein, band die Ähren am Stock fest und bekränzte sie als „Mockel".
Oft wird die Garbe größer gemacht und in der Gestalt eines Menschen gebunden, der beide Hände in die Seiten stemmt. Dabei spielt auch der Tanz eine Rolle.[3]

Es handelt sich immer darum, „durch den Tanz den Dämon zu binden, an sich zu ziehen, damit die fruchtbare Kraft im Winter nicht verlorengehe, sondern den Tänzern bewahrt bleibe und im Frühjahr von neuem ihren Segen ausströme". [4]

Im Steirischen umtanzt man die „Kornmandln". Man stellt sich diese Korngestalt als irgendein Wesen vor, das die Kraft der Fruchtbarkeit in sich trägt.

---

[1] zit. b. Wolfram, 70
[2] Meier, 424

[3] Wolfram, 71
[4] Bloch I, 170

Zum Baumbinden nahm man Stroh vom „Alten“, d. h. von der letzten Garbe, dem „Segensträger“.
Von Wolfram hören wir, daß die Schnitterin, welche die letzte Garbe schneidet, als „Kornbraut“ gilt, und zwar als Braut des „Alten“. Es wäre nicht richtig gewesen, hätte sie sich in diesem Jahr verlobt. [1]

Aus Sachsen heißt es: „Der letzte Binder wurde mit Hafer umwunden, als Hafermann aufgerufen und umtanzt...
In Südschweden und Rußland aber tanzte man mit der letzten Garbe selbst...
Im Saargebiet (Urexweiler) buk man zum Erntebeginn ein Gebildbrot in Mannesgröße, den „Jockel“. Mit ihm zogen die Mädchen auf die Wiese hinaus, tanzten bei Musikbegleitung reihum mit dem Jockel und verzehrten ihn hinterher gemeinsam im Wirtshaus“. [2]
Das Verzehren des „Jockels“ ist auch ein Symbol der Fruchtbarkeit: Man will sich die Kräfte und Vorzüge eines Lebewesens, eines Dämons oder deren Symbole erwerben, indem man dasselbe (vgl. Hahnen- und Hammeltänze) oder sein Brotsubstitut verzehrt.

Ein sehr schöner alter, jetzt nicht mehr gespielter Tanz ist der „Schweizerlestanz“, auch Hasentanz geheißen (offenbar eine Verwechslung mit Hosentanz). Der Text des Tanzliedes dazu lautet:

„D'r Schweizerles Mann
hat Hosen an
hat lideri, ledere
Bendeli dran."

„Die Tänzerinnen nahmen den Rock zwischen die Füße, hielten den hinteren Teil desselben vorn fest und hüpften so in gebückter Stellung bei den beiden ersten Zeilen auswärts und einwärts, bei den beiden letzten mit gleichen Füßen im Ring herum.

Der Tänzer tanzte solange im Kreis Kaleba (langsamer als Dreher und schneller als Schottisch, auf jeden Fuß kommt ein Schritt) oder Schottisch. Ein Rundtänzchen zu zweien machte den Abschluß“. [3]

Dank der gründlichen Volkstanzforschung Hans von der Au's im Rheinfränkischen kann über diesen seltsamen Tanz heute Näheres ausgesagt werden:

„Drei lärren Strömp“, zur Deutung eines Vogelsberger Frauentanzes. [4]
Text:

"Drei lederne Strümpf,
und zwei dazu sind fünf
und wenn ich ein verliere,
so hab ich nur noch viere".

Eine ältere Bezeichnung für Strumpf ist Stumpf, d.h. verstümmelte Hose. Der Sprachrhythmus des Verses prägt sich leicht ein:

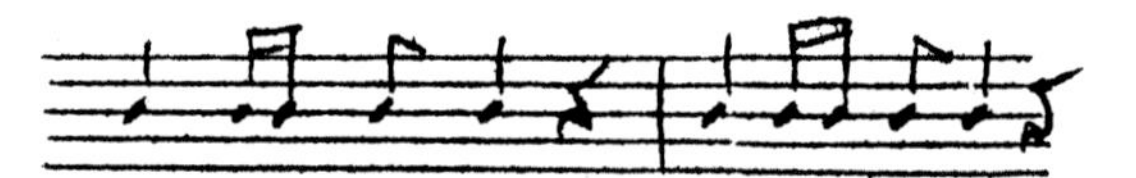

Ein Trommelrhythmus. Die aus Rheinfranken überlieferten Melodien gehören alle zu „Schlaf, Kindlein, schlaf“. Es gibt auch sonst Tänze mit ähnlichem Text, sie gehören aber zur Familie der Klatschtänze.[5]
Bei diesem Vogelsberger Tanz haben wir es mit einem reinen Frauentanz zu tun. Die Ausführung ist dieselbe wie beim „Schwitzemanntanz“, unserem „Schweizerlestanz“.
Im Stuhlweißenburg - Komitat ist es ein Tanz zum Lied mit dem Zwizermann. Haltung (das Fassen der Röcke muß phallisch gedeutet werden) und Bewegungen (sicher ist Wechselhupf in der oberen Beschreibung gemeint) sind überall dieselben.

[1] vgl. Wolfram, 71
[2] Wolfram, 72

[3] Pf. Höhn = Bohnenbg. Jg.1910, Nr.3, 19
[4] Hess. Blätt. f. Volkskunde, Bd. 35 Gießen 1936 S. 60 f
[5] Hess. Blätt. f. Volkskunde, Bd. II 140

Abbildung 51

Frauentanz, „Schweizerlesma"

Trachten- und Volkstanzgruppe Hausach-Einbach 1989
Foto: Waltraud Schoch

Abbildung 52

„Frauentanz"

Schweizerlesma, „die Tänzerinnen nehmen den Rock zwischen die Füße".
Foto: M. Stingel

Richard Wolfram hat auf zahlreichen Forschungsreisen, besonders in den Rückzugsgebieten der Alpen, den Beweis erbracht, daß es entsprechend dem **„Männerbund"** auch einen **„Weiberbund"** gab.
Die Frauen haben gleichartiges Brauchtum bei verschiedenen Gelegenheiten. (Es sind wichtige Tage, welche die Kulturpflanzen, in einzelnen Fällen deren Zubereitung, betreffen, wie etwa Lichtmeß, Fastnacht, Saat und Ernte).
Dabei reicht meist das Hausgesinde nicht aus; die Nachbarinnen sind nötig zur Mithilfe. [1]
Bei ihrem Tanz handelt es sich um einen Fruchtbarkeitszauber, um Unholdenabwehr. Daher wird dieses Brauchtum auch auf Hochzeit und Wochenstube ausgedehnt.
In Dänemark gibt es aus dem 13. Jhd. eine Abschreckungsgeschichte gegen den Tanz der Frauen mit einer Strohpuppe als Männerfigur, mit der bei der Niederkunft der Frauen getanzt wurde. In Jütland sind Bräuche der Frauengilde bei der Geburt eines Kindes bis ins 20. Jh. belegt.
Die Arbeiten geschahen in strenger Exklusivität. Allmählich wurden zu den typischen Frauenarbeiten Kinder geholt, erst später auch Männer. „Vor dem Verfall" durfte sich z. B. kein Mann während der Flachssaat oder Flachsbreche sehen lassen. Dasselbe gilt noch ausschließlicher für den Tanz (vgl. das Schlagen der Männer beim Tanz der Weiber an Lichtmeß, S.31, vielleicht handelt es sich um solch einen Frauentanz).
Übrigens wenden sich, bei dem durch Jahrhunderte währenden erbitterten Kampf der Kirche gegen das Tanzen im Kirchenraum, die Verbote sehr häufig gegen Tänze und Reigen der Frauen und Mädchen an heiligen Tagen.
Das bereits erwähnte Tanzlied aus der Schwäbischen Türkei verbindet nun beide Texte, die „ledernen Strümpfe" und den „Schweizerlesmann".

Schweizerlesmann -	Schwaben
Zwizermann -	Deutsch-Ungarn
Schwitzemann	Rheinfranken

Alem. schweitzen - hochdeutsch schwitzen (rösten, dämpfen) ist ein Terminus technicus bei der Flachsernte.
In Österreich ist dabei eine Gestalt, das „Harmandl", sehr wichtig. Ursprünglich machte man diese Puppe wohl aus feinstem Flachs („Har" ist ein altes Wort für Flachs).
„Dieser besondere Wächter war dazu da, daß der Flachs beim Erhitzen (Rösten, Schwitzen in der Brechelbadstube) nicht in Brand geriet. Heute verfertigt man ihn aus einem Büschel Flachs und Palmkätzchen und benetzt ihn mit Weihwasser. Nach beendigtem Dörren tanzen sie mit dem Harmandl heraus". [2]
Offenbar besaß er dämonischen Charakter. Jetzt verstehen wir den Namen Schwitzemann, Zwizermann, Schweizerlesmann. Dazu kommt die Fruchtbarkeitsbedeutung der Hose.
Der Schweizerlesmann stellt eine männliche Figur dar, ein „vegetationsmagisches Wesen" [3] mit besonders großen Hosen (67 Lappen im Lied aus der Schwäbischen Türkei).
Die angerufene Person ist in diesem Fall längst aus dem Tanz verschwunden. Beim Harmandltanz tanzt man mit der Gestalt selber (s. oben).
Aus der Mark hören wir, daß die Frauen die letzte Garbe auf dem Feld umtanzen; also auch als Maskulinum gedacht.
Der Spreiz- oder Wechselhupf (Rutscher) nimmt in der volksmäßigen Anschauung häufig eine laszive Bedeutung an (heute gekennzeichnet im „Rutscher" durch den Text:
„Rutsch hin, rutsch her, rutsch zu der Magd ins Federbett!". So ist auch der einstige Vorwurf der Kirche gegen den „gestus lascivus" verständlich.

Der Tanz stellt den Höhepunkt dieses Brauchtums dar. „Er ist bei allen Gelegenheiten der gleiche mit seiner bezeichnenden Haltung. Man wird zu der Überzeugung gedrängt: Wie der Männerbund seinen ihm eigenen Tanz im Schwerttanz hat, so ist der Schwitzemanntanz das Gegenstück dazu bei dem Weiberbund ..." [4]
Es ist noch zu bemerken, daß sich in Schwaben der reine Frauentanz nicht erhalten hat.
Beim Schweizerlestanz finden sich wohl im ersten Teil die bezeichnenden Bewegungen, aber im zweiten Teil wurde er zum Paartanz erweitert. Es ist derselbe Vorgang wie in ursprünglichen Männertänzen, z. B. dem **Siebensprung**, wo heute fast immer das weibliche Geschlecht mittanzt.
Schon in Gräters „Iduna"' und „Hermode" [5] von 1814 wird ein schwäbisches Erntefest, das Sichelhängen, und der Siebensprung geschildert:
„Nun tritt auch ein flinker Schnitter auf und tanzt den Siebensprung. Dieser vielleicht nicht allgemein bekannte, aber sehr alte Tanz wird nach einer eigenen Musik nur von Mannsleuten ausgeführt.

[1] vgl Hans v. d. Au, Drei lärren Strömp, 68

[2] Wolfram, 72
[3] Hans v. d. Au, 79
[4] Hans v. d. Au, 83ff
[5] zit b. Meier, 444

Abbildung 53
Mädchenreigen Glottertal
Trachtensammlung Vierkötter, Schwäbisches Kulturarchiv

Abbildung 54
Sichelhenke
Johann Babtist Pflug. Württembergische Landesbibliothek Stuttgart, Graphische Sammlungen

Jedesmal wird der Tanz mit einem am Ende etwas nachdrücklichen Ton der Musik ausgehalten, der sich durch irgendeine Stellung oder Sprung des Tanzes auszeichnet. Nach Wiederholung des nämlichen werden am Ende 2 Töne ausgehalten, in welchen nebst Repetierung des ersten ein neuer, besonders ausgezeichneter Sprung erscheint. Und so repetiert sich der Tanz siebenmal und bringt, nebst jedesmaliger Wiederholung des vorigen, einen neuen Sprung hervor, so daß am Ende alle sieben, oft sehr seltsamen und possierlichen Sprünge und Stellungen nacheinander folgen".

Die sieben Sprünge sind heute: Sprung oder Stampfer rechts und links, Niederknien rechts und links, Ellenbogen aufstützen rechts und links, zum Schluß mit der Stirn die Erde berühren oder Purzelbaum.

1686 wird der Tanz in einer Weimarer Handschrift erwähnt.

In der zweiten Hälfte des vorigen Jahrhunderts war „der Tanz nicht nur in vielen Orten Schwabens, sondern im ganzen deutschen Sprachgebiet bekannt und beliebt; in den Niederlanden, Frankreich, und auch in Nordeuropa (Dänemark und Schweden) ist er bekannt". [1]

Verschiedene Textfassungen: [2]

a. *Hans Orem (Laubmännchen) -*
Gott gnor - em!
Mach mer amol de Siewesprung!
Ob ich ihn noch danze kann,
danze wie ein Alter!
Hopsa, hopsa!

Usinger Land

b. *Mach mir au die siebe, siebe,*
mach mir au die siebe Sprüng,
mach mir's, daß i tanze kann
tanze wie en Edelmann!
Ist eins ...

Schwarzwald

Ei, wer kann die sieben Sprünge,
ei, wer kann sie tanzen?
Ist das nicht ein schlechter Mann
der die sieben Sprüng nicht kann!

Odenwald

c. *Tanzt mir mal die sieben Sprüng!*
„Welcher kann sie tanzen?"
„Wackres Mädchen, halt dich frisch:
Wenn ich komm, heirat ich dich"!

Rhön

In den Texten sehe ich ein Abbild der Entwicklung.

zu a).

Der Anruf „Hans Orem" deutet auf einen sehr alten Sinngehalt hin. In Alt-Hessen zieht an Pfingsten das Laubmännchen ein und führt den „Siebensprung" aus.

Hans von der Au nennt die Zahl 7 die „Zahl der Totalität". Sie diene dazu, die Höchstentfaltung der Kräfte zu versinnbildlichen. [3]

Der Siebensprung stellt tatsächlich eine Bewegungssteigerung dar, zugleich eine Annäherung an die Erde. Der Purzelbaum oder das Wälgern ist ein alter Fruchtbarkeitsritus. Bloch berichtet, daß in der Johannisnacht die Mädchen um den Flachs tanzen, der gesät ist, und sich darin wälzen. [4]

Die guten, freundlichen, bis dahin schlummernden sommerlichen Kräfte des Bodens sollen geweckt werden. Der Mensch sucht sich diese Kräfte des Wachstums anzueignen.

Prof. Horak erzählte mir, daß er selbst noch in Tirol solch einen „Fruchtbarkeitstanz" erlebt hat. In strenger Exklusivität vollführten die Männer Tänze, die nach Haltung und Gebärde nur eine Deutung zuließen.

Nach mancherlei Vergleichen mit ähnlichem Brauchtum in Hessen vermutet Hans v. d. Au, „daß der Siebensprung ursprünglich ein kultischer Tanz, ein Frühlingsfeiertanz ist. Sein heutiges Vorkommen beim Fest des Laubmännchens hält so eine letzte, sonst überall verblaßte Erinnerung an die ursprüngliche Bedeutung des Siebensprunges fest". [5]

---

[1] Kolesch, 143

[2] vgl H.v.d. Au, Über den Siebensprung in der Landschaft Rheinfranken, Hess. Blätt. f. Volkskunde Bd. 34, 1935, 50

[3] vgl H.v.d. Au, 62

[4] vgl. I, 162

[5] über den Siebensprung .....,64

Abbildung 55 und 56

Siebensprung

Ursprünglich war der Siebensprung wohl ein reiner Männertanz.
Am Ende des Tanzes berühren die Tänzer mit der Stirn die Erde oder schlagen einen Purzelbaum.
Fotos: Manfred Stingel / Geschichte des Tanzes - Volkstanzgruppe Frommern.

zu b).
Nach Hans von der Au wurde der Siebensprung am Ende des letzten Jahrhunderts in der Rhön nur von Männern getanzt. Er gilt als Zeichen der Mannbarkeit. „Ihn zu erlernen, wird Aufgabe der Jugend. Ihn zum erstenmal tanzen zu können, bedeutet öffentliche Jugendweihe, Aufnahme in den Burschenbund. [1]

zu c).
Ein Zwiegespräch zwischen Burschen und Mädchen! Die Entwicklung zum Paartanz hat stattgefunden.

Hüsing [2] führt die Herkunft des Siebensprungs auf völlig andere Spuren zurück: „Da bisher jede in dem deutschkundlichen Stoffe überlieferte Sieben als jüngere Verdrehung einer älteren Neunzahl erweisbar ist, lag von vornherein der Gedanke nahe ..., daß die sieben Sprünge ursprünglich neun gewesen sein müssen. In Westfalen ist nun der Sprung mit Knie, Ellenbogen, Hand und Nase überliefert. Es fehlen also die Füße zur Neunzahl und umgekehrt in Schwaben die Hände. Man hat also je ein anderes Leibesglied weggelassen, um die gewünschte Siebenzahl zu erhalten". Die vollständige Reihenfolge wäre: Füße, Knie, Hände, Ellenbogen, Kopf = Neunzahl.

„In einer westfälischen Abart, die am Ostertage gespielt wurde, werden 7 Gruben genannt, in die man mit sieben Sprüngen hineintreffen mußte, und nach anderer Überlieferung beziehen sich die sieben Sprünge auf die sieben Todsünden, deren man also durch die Sprünge ledig werden wollte. Daher ist wohl zu beachten, daß die alten Perser 9 Todsünden kannten und bei entsprechenden Reinigungsbräuchen 9 Gruben verwendeten.
Diese und ähnliche auffällige Übereinstimmungen deuten wohl auf ein hohes Alter ... Man könnte sich denken, daß es sich ursprünglich um Tilgung von Sünden gehandelt hatte, die man mit den genannten Leibesteilen begangen hatte und die man ausheilte durch Berührung mit der Erde". [3]
Leider gibt Hüsing keine nähere Auskunft über die Zeit der Aufführung. Ein Reinigungsbrauch hat zweifellos auch seinen Platz bei der Jünglingsweihe.
Die „Taufe" im christlichen Sinn = Wiedergeburt ist seit frühen Zeiten ein Akt der Reinigung (s.unten Gesellentaufen). Scheintötung und Wiedergeburt werden wir als wesentliche Bestandteile vieler Ketten - Schwerttänze kennenlernen. Beide Erklärungen des Sieben- bzw. Neunersprungs schließen sich nicht aus, sie ergänzen sich vielmehr. Als Reinigungsbrauch wurde er ursprünglich sicher auch nicht von beiden Geschlechtern gemeinsam getanzt.
Der Paartanz ist auf alle Fälle eine jüngere Entwicklung. Hüsing spricht von der Ähnlichkeit der Weise mit der Jubelmelodie zur Echternacher Springprozession und schließt daher auf ein hohes Alter auch des Neunersprungs.

Könnt ihr nicht den Neunersprung?
Könnt ihr ihn nicht tanzen?
Wackres Mädel, wart auf mich,
bis ich komm und hole dich!

vgl. Echternacher Jubelmelodie S. 66.

[1] Über den Siebensprung ...,55.
[2] G. u. E. Hüsing, Deutsche Laiche und Lieder, Wien 1932, 120
[3] ebda, 121

Vom Albrand ist uns ein „Siebenspringer“ überliefert! [1]

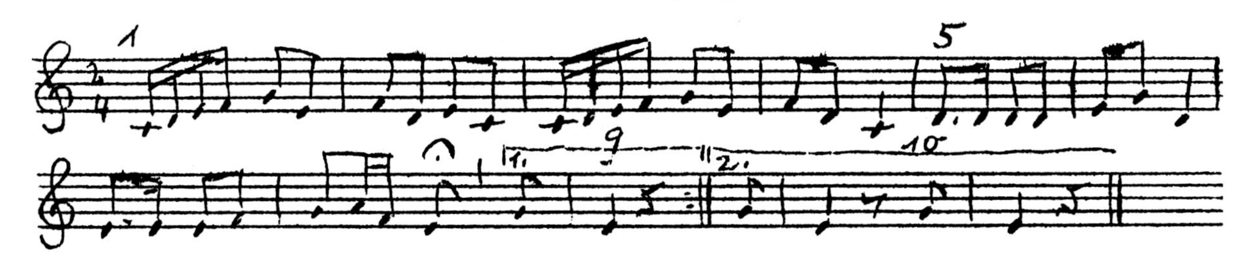

l. Art

Takt 1-8 Gewöhnliche Fassung. Schottisch Rundtanz.

Takt 9 Dieser Takt wird bei jeder Wiederholung einmal mehr gespielt und ein neuer Sprung dazugefügt. Ohne Fassung.

l. Sprung: Tr wendet sich leicht gegensonnen ab und stampft links auf; Tin dreht sich leicht mitsonnen wieder zurück.

2. Sprung: Tr stampft rechts. Von diesem Sprung an tanzt Tin mit Schottisch-Schritten mitsonnen um Tr.

3. Sprung: Tr geht auf das linke Knie nieder.

4. Sprung: Tr geht auf das rechte Knie nieder.

5. Sprung: Tr kniet und berührt mit dem linken Ellenbogen den Boden (oder schlägt mit der li Faust darauf).

6. Sprung: Tr kniet und berührt mit dem re Ellenbogen den Boden (oder Faustschlag rechts)

7. Sprung: Tr kniet und berührt mit der Stirn den Boden (oder macht einen Purzelbaum).

Vom 7. Male an wird dieser Takt jedesmal um eins weniger wiederholt und ein Sprung nach dem andern weggelassen.

2. Art:

Gewöhnl. von einem Paar getanzt. In der Mitte des Kreises steht ein Hocker (Stuhl ohne Lehne).

1. Teil

T 1- 8 Tin re neben Tr, offene Fassung. Mit wippenden Schritten im Kreise gehen.

T 9 Tin springt, ohne die Fassung zu lösen, über den Hocker. Tr unterstützt sie und fängt sie auf.

2. Teil (Wiederholung von T 1-9)

T 1- 8 Gewöhnl. Fassung, Schottisch - Rundtanz

T 8 letztes Achtel: Fassung lösen. Tr kniet auf beiden Knien nieder.

T 9 Er schlägt erst mit beiden Ellenbogen (1. Achtel), dann mit beiden Füßen (2.Achtel) auf den Boden. Tin umtanzt Tr mit Schottisch-Schritten.

Der ganze Tanz wird 7 mal, die Weise also 14 mal gespielt (T 9 aber immer nur 1 mal!).
Heute begnügt man sich oft mit 3 maliger Wiederholung. Bei dieser Art sind die verschiedenen „Sprünge“ zu einem Bewegungskomplex zusammengezogen, daher müßte der Tanz 7 mal ausgeführt werden, sonst trägt er seinen Namen zu Unrecht.

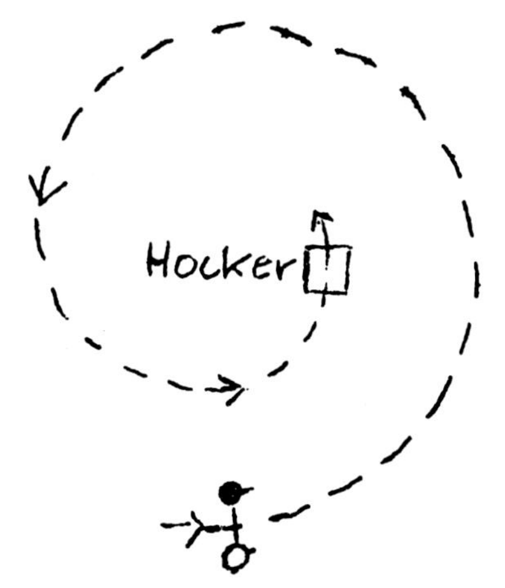

Weg des Paares während des 1. Teiles

[1] R. Hinz und K. Horak, Deutsche Volkstänze, Heft 20, Kassel 1934, 4 f.

Siebensprung [1] aus Schwenningen, Trossingen, Grafenberg.

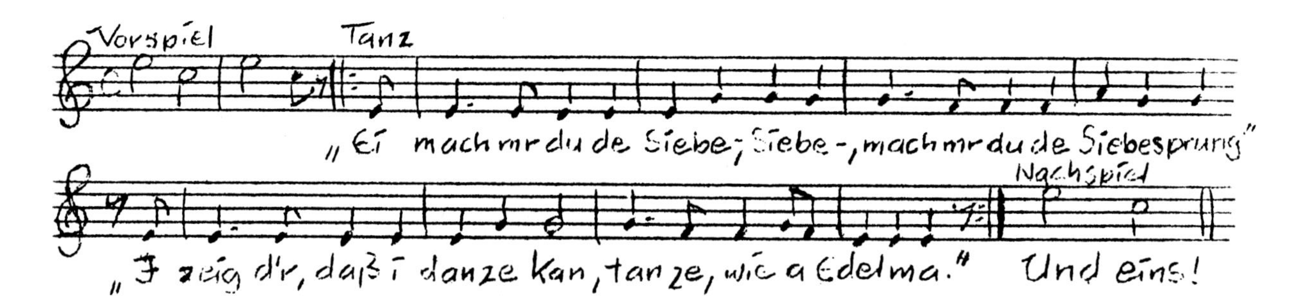

Paarweise im Kreis. Gewöhnliche Fassung

T 1-8 Polka rund herum. Dann stehen Tr und Tin einander gegenüber. Tr innen, Tin außen.

Sprung 1-7. S. 1. Art v. „Siebenspringer". Vor jedem Sprung wird Polka getanzt. Beim 7. Sprung wird bis „und sieben" gezählt und auf jede Zahl v. Tr die entsprechende Bewegung ausgeführt. Es kommt also bei jeder weiteren Zahl eine neue Bewegung hinzu. Tin macht bei jeder Zahl eine Verbeugung. Meist werden die „Sprünge" nur von einem Paar ausgeführt; alle andern sehen zu. Die Polka wird von allen getanzt.

Ähnlich wurde der Siebensprung auch in der Crailsheimer Gegend getanzt:

„Spielt mir auf die Siebe Sprüng, mir und meiner Schwarze!
Und wenn sie nimmer tanze kann, na fängt sie an zu knarze".

Man begann mit einem Dreher, dann folgten die sieben Sprünge
(als 7. ein „Sturzelbaum".), und dazwischen wurde jeweils Dreher getanzt. [2]

Gutacher Siebensprung aufgezeichnet, beschrieben und erklärt von Hans v.d. Au [3]

I = Melodie im 3/4 Takt II = Melodie im 2/4 Takt.

[1] Gg. Brenner, Heimattänze aus Württemberg, Leipzig 1935,6
[2] vgl Pf. Höhn = Bohnenbg. Jg.l910, Nr.3, 19f., Jg. 1912, Nr.1, 7f.
[3] Aus handschriftl. Material, das mir Prof. Künzig, Freiburg freundlicherweise zur Verfügung stellte, abgek: (Künzig).

Abbildung 57
Trachtengruppe Gutach
Foto: Heide Kalkoff

Abbildung 58
Gutacher Siebensprung
Foto: Heide Kalkoff

1. Kehre

I T 1 - 20 Tr und Tin fassen sich in gew. Fassung und bewegen sich, Außenfüße beginnend, im Wechselschritt vorwärts ohne Drehung. Zum Schluß läßt Tr Tin los und stampft 1 mal m.liF auf.

2. Kehre

I T 1-20 Tin vor Tr auf der Kreislinie. Re Hände gefaßt. Tin dreht sich gegensonnen oder mitsonnen herum vorwärts. Tr folgt im Schrittwechsel.

bei 1 -2 Nach Lösung der Fassung stampft Tr zuerst li, dann r auf.

3. Kehre

I T 1-20 Während sich Tin vor Tr gegens. vorwärtsbewegt, folgt Tr hüpfend und abwechselnd mit dem Takt klatschend:
1 x unter dem li Schenkel, 2 x über dem li Schenkel,
1 x unter dem r Schenkel, 2 x über dem r Schenkel,

bei 1-3 = 1- 2 + Niederknien li.

4. Kehre

II T 1-16 Aufstellg. zueinander. Gew. Fassung. Schottisch gegensonnen

bei 1-4 = 1-3 + Niederknien r.

5. Kehre

I T 1-20 Aufstellg. gegenüb., geschl.Fassg. Arme in Schulterhöhe nach d. Takted. Musik „walgen“ Tr. u. Tin, d.h. beide drehen sich gleichzeitig unter den gefaßten Armen durch, Tr gegens., Tin mits. Bewegungen stets fließend!

bei 1-5 = 1-4 + li Ellbogen berührt den Boden.

6. Kehre

I T 1-20 Tin bewegt sich in Walzerdrehungen r vorwärts. Tr jagt sie gleichsam mit kleinen Trippelschr. vor sich her, als ob er sie fangen wolle

bei1-6 = 1-5 + r Ellbogen berührt den Boden

7. Kehre

I T 1-20 Walzer r herum, gew. Fassung.

bei 1-7 = 1-6 + Purzelbaum als "Krönung".

II T 1-16 Zweischritt-Dreher gew.Fassg, allmählich sich steigernd.

In Gutach und Hornberg wurde bis 1935 ein Siebensprung gelegentlich noch getanzt. Die Tanzform gilt als eintönig trotz der Schwierigkeiten in der Ausführung des Sturzes. Doch wußte man noch um eine frühere, reichere Form aus Gutach bei Freiburg. Heute wird wieder danach getanzt; siehe unsere Beschreibung.

Zum älteren Gutacher Siebensprung :

Zunächst ist wichtig, daß der Siebensprung sowohl als „einfacher“ wie auch als „doppelter“ getanzt wurde, d.h. im 2/4 und 3/4 Takt, als Schottisch und als Walzer. Und hier wieder zeigt es sich, daß die Frühformen des Walzers nicht die einfachen heutigen Rundtanztormen sind, sondern Ländlerformen. Dieser Ländler kannte in der Gutacher Gegend:

1. Wickler (2. Kehre)
2. Drehen der Tin und Klatschen des Tr (3. Kehre)
3. Walgen (5. Kehre)
4. Walzer-Rundtanz als Höhepunkt.

Die Ländlerform ist interessant aufgebaut. Ebenso zeigt dieser Siebensprung eine Steigerung in der Folge seiner Kehren, gleichsam die Darstellung einer Werbung. Diese Auffassung wird am Schluß besonders deutlich: Besaß der Tr die Gunst der Tin, nahm er den Standort beim 7. Sprung derart ein, daß er beim Aufrichten mit dem Kopf unter ihren Rock kam und ihn durch einen Rockschlitz an der linken Seite steckte, bis er einen freundschaftlichen Klaps erhielt und dann als Anerkennung und Belohnung seiner kunstvollen Werbung mit ihr rundtanzte im taumelnden Siegesgefühl des dann folgenden Zweischrittdrehers.

Pfarrer Höhn[1] schreibt, im früheren Oberamt Herrenberg scheine man die echte Form des Tanzes nicht mehr zu kennen, wenn der Tr beim 7. Sprung mit einem vollen Weinglas auf dem Kopf herumtanzt, das er nicht verschütten darf. Hans v.d. Au [2] erwähnt diese Tatsache auch aus Rheinfranken und zwar im Anschluß an den Purzelbaum. „Aber nun schaltet sich - psychologisch wundervoll - noch ein retardierendes Moment ein, der

[1] Bohnenb. Jg. 1910, Nr. 3, 20
[2] Über den Siebensprung, 60

Abbildung 59

Erste Tanzstunde

Abbildung 60

Tanzpause

Benjamin Vautier, am 24. April in der französichen Schweiz, am Genfer See geboren, hat uns viel schöne Tanzbilder und dörfliche Szenenbilder aus Baden und Württemberg hinterlassen. Seine ausdrucksstarken, farbenfrohen Bilder sind phantastische Momentaufnahmen. Leider gelten viele seiner Bilder als Kriegsverluste und sind nur in schwarzweiß Fotos erhalten. In der Schweiz fand sich nach längerer Suche ein Farbbild der ersten Tanzstunde (Gallerie Koller, Zürich). Ein Farbnachdruck der „Tanzpause beim Hochzeitsfest“ ist in Frommern vorhanden.

Tänzer erhöht seine Leistung nochmals, indem er mit einem gefüllten Schoppenglas Wein nunmehr zur Weise im 3/4 Takt mit seiner Tin tanzt, um es dann als Belohnung von ihr kredenzt zu bekommen und in einem Zuge auszutrinken.
Eine weitere Form des Siebensprunges wird in Helgoland getanzt:

Der Helgoländer Söbensprung[1]

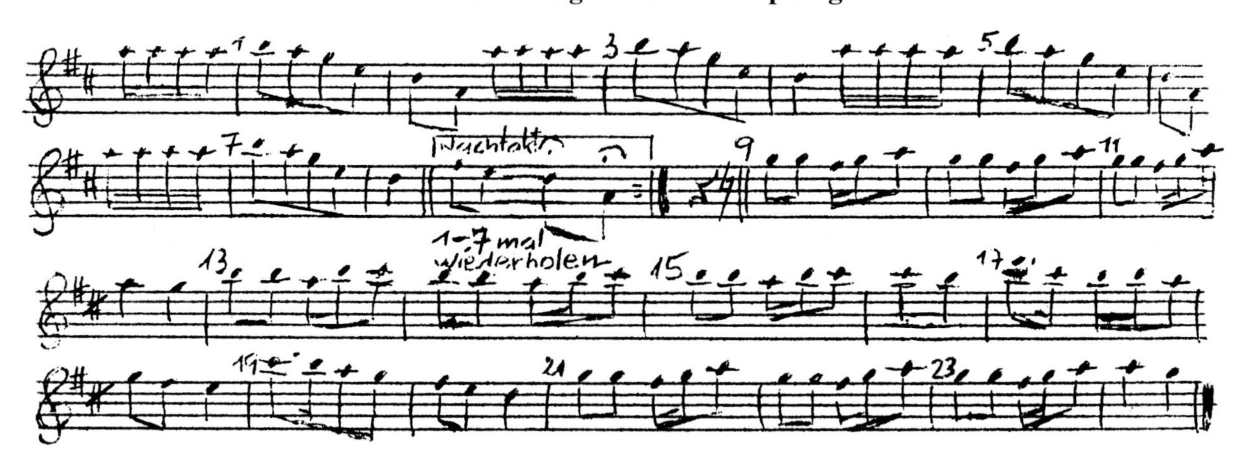

Beliebig viele Paare fassen sich zu einem großen Kreis.

T l- 8 — Der große Kreis dreht sich in Laufschritten je 4 Takte mitsonnen, dann gegensonnen.

Nachtakt: — Fassung gelöst. Tr und Tin tanzen immer dasselbe (Außenfuß Tr l, Tin r). Es folgen nun bei jeder Stufe die üblichen „Sprünge“: Stampfer mit Außenfuß,
Stampfer mit dem Innenfuß + Außenfüß,
äußeres Knie, inneres Knie
äußere Ellenbogen (dabei anblicken),innere Ellenbogen.
Beim 7. Sprung strecken sich alle lang aus und berühren mit der Stirn die Erde. Alle springen auf und tanzen T l – 8 im großen Kreis, s. o.

6 mal Wiederholen

T 9 - 16 — Die Paare schwenken im Laufschritt und miteinanderr eingehakt herum.

T 17 - 24 — Dasselbe li herum. Hier ist der Einfluß von Kontratänzen spürbar.

In Münster (s. Einleitung) tanzten die Schweden einen Siebensprung; nur Männer. Sie faßten sich wie beim Ringelreihen an den Händen und tanzten so mit Galoppschritten im Kreis. Die „Sprünge“ dazwischen waren dieselben wie oben angeführt. Beim 7. Sprung berührten sie alle gleichzeitig mit der Stirn den Boden. Vor allem das Hochschnellen (der begleitende Geiger gab unwiderstehliche Impulse) nach jedem Sprung brachte das Publikum dauernd zum Lachen. Ich hatte den Eindruck eines fröhlichen Spiels. Die Melodie war ähnlich der des Niederländischen Siebensprungs. Nebenbei bemerkt: Was eine schwungvolle Musikbegleitung aus derartigen Tänzen machen kann.

Die jüngste Form des Siebensprungs ist ein Tanzspiel aus der Rhön: Nachstellschritte nach innen (zur Kreismitte) und außen, Drohen mit li und r Finger, umgekehrte Verbeugung voreinander, Verbeugung zueinander und Kuß. Drohen und Verbeugen kommen auch in anderen Tänzen vor.

Zur Verbreitung des Tanzes und seiner vielfältigen Melodien: Allgemein liegt vielen Melodien das Auf- und Absteigen zwischen Tonika und Quinte zugrunde. Ein Musterbeispiel dafür:

Ist ein Mann in Brunnen gfallen:

Die Quint kann erweitert sein zur Sext oder Oktav. Ein Quartsprung als Auftakt ändert am Wesen dieser Melodien kaum etwas.

---

[1] Ludwig Burkhardt, 13 ausgewählte Volkstänze, Kassel 1951, 9

Varianten zum Siebenspringer von der Alb

Der Anfang mit der 4/16 Gruppe ist sehr beliebt. Dieser Aufschwung wirkt besonders erregend nach den langsam gespielten Takten der einzelnen Sprünge. Daher vielleicht auch der Name „Siebenspringer“ bei den beiden Beispielen von der Schwäbischen Alb und aus der Mark.

Niederlädischer Siebensprung um 1770 (Dieter Stoverock, Spielmusik, 4 Beiheft, Nr. 23 Hanover)

Contre - danse von 1825 (Böhme II, 279)

Der Contre-danse zeigt große Ähnlichkeit mit dem 1. Teil des Niederländischen Siebensprungs, nur sind die beiden Motive des An- und Abstieges erweitert zu je 2 Takten.

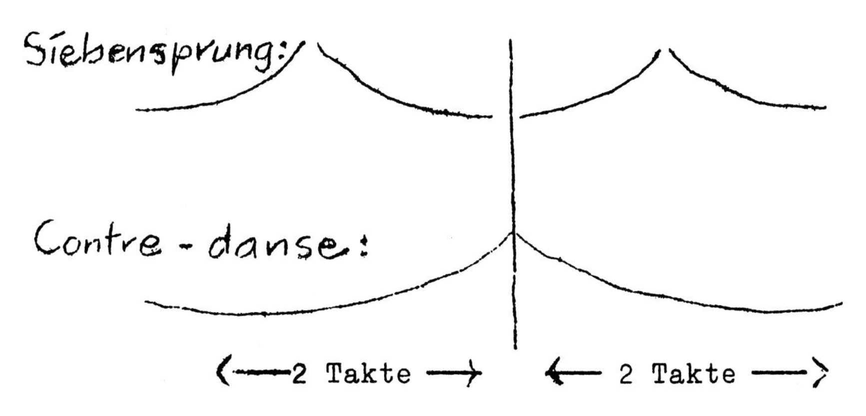

Der Siebenspringer aus dem Montafoner Tal, 1819 (Zoder I, 10)

Springer aus der Mark (Böhme II, 317)

Ohne den „Springer Aufschwung“, aber noch mit stufenweisem Aufstieg am Anfang:
Siebener Sprung aus Dornhan (Zwischen Sulz und Alpirsbach, SDR - Archiv)

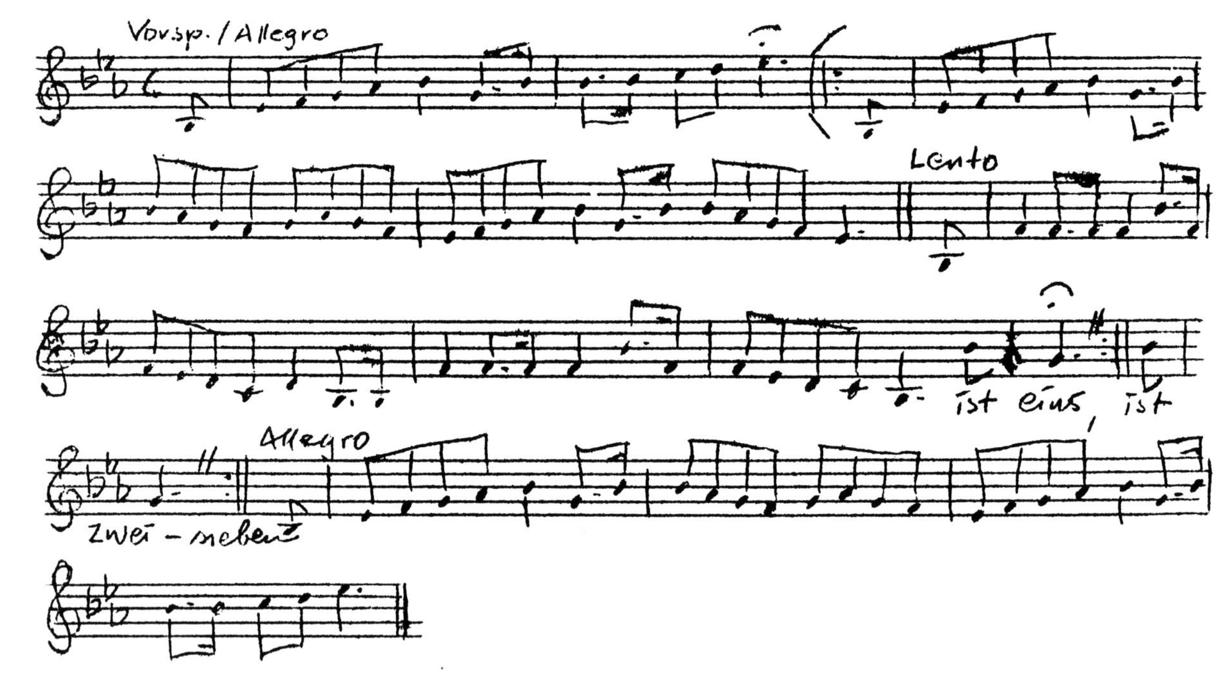

vgl. Siebensprung aus der Mark (Böhme II, 316)

eins, ist zwei.....bis “ist sieben“..... bis „ist eins“

vgl. dazu das Kinderlied: Es regnet auf die Brücke (Böhme II, 308)

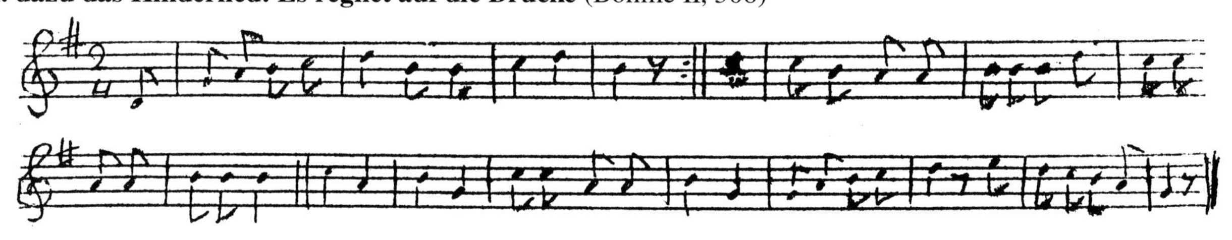

Hier ist jetzt die Ausweitung zur oberen Oktave:
Siebensprung aus Oberhessen

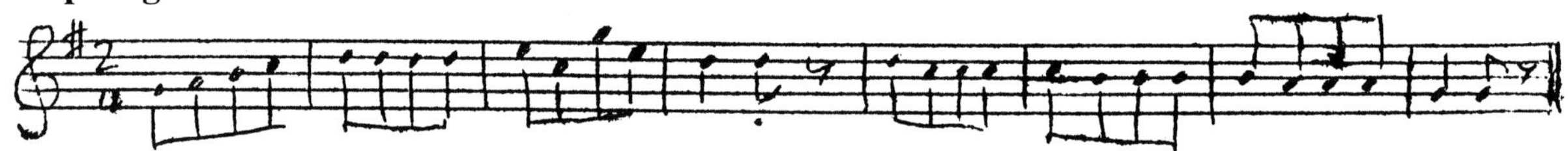

Das Kinderlied „Fuchs du hast die Gans gestohlen“ ist wörtlich übernommen. Nah verwandt damit ist die **Jubelmelodie zur Echternacher Springprozession** (Böhme II, 311)

Abbildung 61

Siebensprung aus Dornhahn

Mit Purzelbaum und schnellem Schottisch endet der Dornhahner Siebensprung.
Foto: Relinde Glück

Abbildung 62

Trachten aus dem Steinlachtal

Wunderschön sind die Trachten aus dem Steinlachtal.
Bild: Unbekannter Künstler - Schwäbisches Kulturarchiv

1. Siebensprung aus Langenschiltach (Künzig)

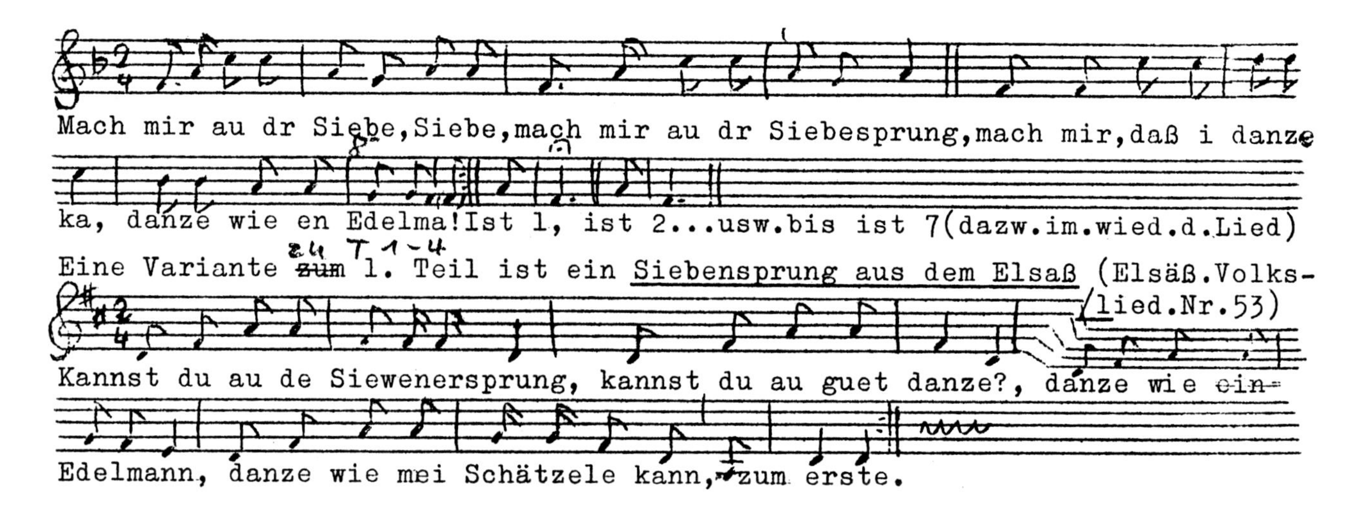

Der siebente Sprung aus Lothringen (Pinck, Verklingende Weisen, Bd. I, 270) ist eine Variante zu Takt 5 - 8 der Langenschiltacher Fassung: Je 2 Takte werden wiederholt, Betonung der Sexte.

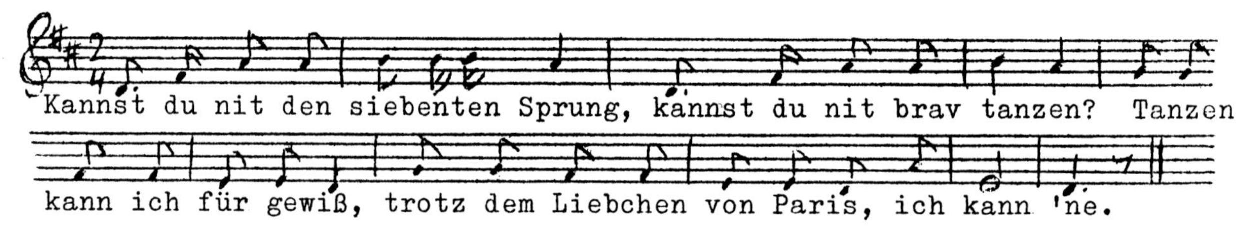

Der **Neunersprung** ist wieder eine Variante dazu! Der **Gutacher Siebensprung** gehört der Melodie nach auch zu dieser Gruppe, allerdings im Dreiertakt. Takt 5 - 8 oben ist auch als Kinderlied im Dreiertakt bekannt: „Eia, popeia, was raschelt im Stroh?"

2. Siebensprung aus Langenschiltach (Künzig)

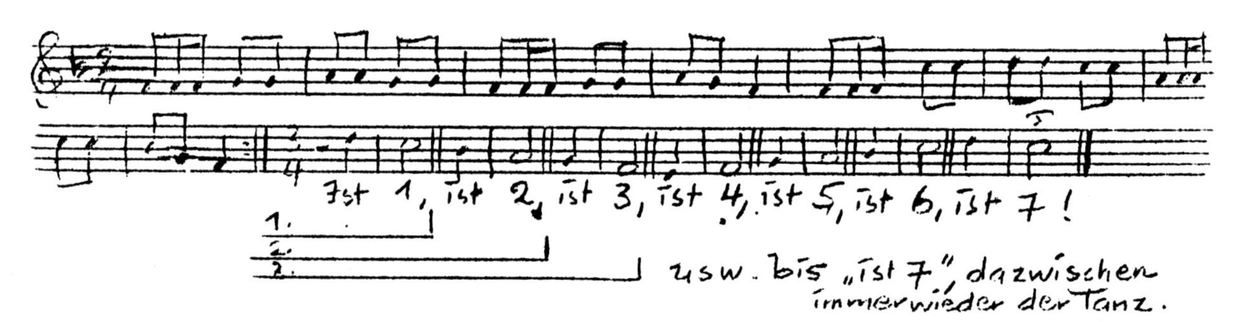

Eng verwandt mit dem Springer aus der Mark ist der **Siebensprung aus dem Meiningenschen** (Böhme II, 315)

Die Sexte wird nur flüchtig berührt.

In einem Beispiel aus Franken (R. Heyden, Volk musiziert, Hanover 1938, Heft 4, Nr. 6) wird die Auflockerung durch Akkordbrechung sehr deutlich.

Siebensprung aus Sontheim bei Blaubeuren. (SDR)

Siebensprung aus Rinderfeld bei Creglingen (SDR, vorgespielt 1953)

Als Zwischenstück zwischen den 7 Sprüngen wird der im Fränkischen noch bekannte Dreischrittdreher getanzt

Siebensprung aus Schwäbisch Hall, 1934 (Horak)

Alle drei sind Varianten zum „Kübele“, einer beliebten und weit verbreiteten Vierzeilerweise.

Einige Beispiele aus Hessen zeigen das Wandern ganzer Melodien oder von Melodieteilen:

Aus dem südlichen Odenwald

Bis auf die letzten beiden Takte ähnlich wie „Weil mich das Glück geführt“ (3/4 Takt).

Aus der Schwalm

T 1- 4 = Jakob hat kein Brot im Haus (ohne Auftakt)

Aus der Rhön

vgl. Jaggeli = Hinz-Horak, Heft 19, 6

Aus dem Vogelsberg

vgl. Nickelsdorfer Schottisch, Kendel, Heißassa, hopsassa, Stgt.-Vaih.1934, 7

Es gibt noch viele andere Siebensprungmelodien. Man könnte beim Vergleichen weit mehr ins Einzelne gehen und noch andere Lieder beiziehen. Diese Reihe sollte einen Einblick geben, wie reichhaltig das Melodiengut zu einem Tanze sein kann und wie das Volk variiert, einzelne Teile austauscht, wenn nötig erweitert und wieder zu neuen Liedern zusammensetzt.
In Hessen wird der Siebensprung heute vielfach zu Melodien getanzt, die Ähnlichkeit haben mit den Weisen zum Siebenschritt oder Siebengang. Aus der Wurzel des absterbenden Alten hat sich ein jüngerer Tanz in einer Fülle von Varianten entwickelt und verbreitet.

Zum Erntebrauchtum gehören ursprünglich auch die Hahnen - und Hammeltänze; heute freilich sind es lustige Tanzspiele. Der „Hammeltanz" dürfte ein erhalten gebliebenes Bruchstück eines heidnisch - kultischen Festes mit Opfermahltanz sein.[1]

Hahnentanz aus dem schwäbischen Schwarzwaldkreis [2]

Offene Fassung. An einer Stelle über der Umzugsbahn hängt ein Käfig mit einem Hahn.
T 1- 8 Gehschr. vorw. in TR
T 9-16 Gew.Fassung, Zweischrittdreher r in TR
T 17-24 = 9-16, doch Rheinländer.
Nach der Wiederholung der Takte 9-16 bleiben bei der Fermate alle Paare stehen. Tr des jeweils unter dem Käfig stehenden Paares stemmt Tin in die Höhe. Erreicht das Mädchen mit dem Kopf den Boden des Käfigs, so hat das Paar den Hahn gewonnen. Wiederholung des Tanzes solange, bis ein Paar das Ziel erreicht hat.Derselbe Tanz steht bei G.Brenner [3] als Hahnen- oder Bechertanz von der Uracher Alb und Metzinger Gegend.

---

[1] vgl M. Panzer, 20
[2] Herbert Oetke , Deutsche Volkstänze, Teil III, Verlag Junge Welt GmbH, 1952
[3] 19

Der Hahnentanz in Schwaben. Nach einer Zeichnung von G. Knapp.

Abbildung 63

Der Hahnentanz in Schwaben

Zeichnung von G. Knapp - Schwäbisches Kulturarchiv

Abbildung 64

Hahnentanz

Ein Hahn stellte früher einen beträchtlichen Wert dar. Fleisch gab es nur selten zu Essen. Der Gewinn eines Hahnes beim Hahnentanz oder gar eines Hammels beim Hammeltanz war damals ein stattlicher Gewinn, der meist entsprechend gefeiert wurde. Neben der Ehre das beste Tanzpaar zu sein gab es noch einen nicht alltäglichen Festschmaus.
Bild: Johann Babtist Pflug. Der Hahnentanz. Foto: Württembergische Landesbibliothek, Graphische Sammlungen

Abbildung 65 (rechts)

Der Hahnentanz in Süßen

Jährlich veranstaltet die Volkstanzgruppe des Schwäbischen Albvereins Süßen einen Hahnentanz.
Foto: Privatbesitz Wilhelm Mayer, Süßen

Das Ganze wird in Geh- oder Schottischschritten getanzt, als Hahnentanz bei der Kirchweih beliebt, als Bechertanz beim Schäferlauf in Urach üblich.

Aus der Baar im Schwarzwald

Der Schauplatz ist gewöhnlich eine Scheune. In der Mitte auf einer Stange sitzt der Hahn im Käfig. An einem Querholz hängt ein dreieckiges Brettchen mit einem Glas Wasser darauf. Um diesen Aufbau herum (siehe Zeichnung) wird Walzer getanzt. Hat ein Paar die Stelle mit dem Brettchen erreicht, „so wirft die Tänzerinn sich rasch mit einem Knie auf die Tenne und hebt mit ihren nervigen Armen ihren Tänzer hoch empor. Berührt dieser nun mit seinem Kopf das Dreieck, so fällt das Glas und der Preis des Tages ist gewonnen". [1]

Man kann also den Spieß auch einmal umdrehen!

„Derlei sah man noch um 1840 in Häslach, einem Dorfe unfern Stuttgart, während der Kirchweih. Der Haushahn, schön mit Bändern aufgeputzt, saß auf einer kleinen Tanne, welche auf dem Platze des Dorfes in der Erde befestigt war (Maien). Um diese herum tanzten Bauernburschen und Mädchen, welche letztere fleißig in die Höhe geworfen wurden. Eine brennende Lunte war dabei, welche den Gewinn des Hahnes bestimmte". [2]

Eine andere Ausführung des Tanzes erfahren wir aus Wolfartsweiler. Am St. Bartholomäustag (24. Aug.) wird auf einem abgegrenzten Wiesenplatz eine Stange liegend angebracht, in einiger Entfernung davon eine Wanne mit einer geladenen Pistole und aufgelegtem brennendem Zunder. Beim Beginn des Tanzes erhält das l. Paar am einen Ende der Stange einen Blumenstrauß und tanzt bis zum andern (also 1/2 Runde). Dort übergibt es den Strauß dem nächsten Paar. Wer den Strauß gerade in der Hand hält, wenn die Pistole losgeht, gewinnt den Hahn. [3]

In dieser und ähnlicher Weise wurde auch um einen geschmückten Hut oder einen Hammel getanzt. Letzterer wurde gemeinsam verzehrt. Das Siegerpaar mußte oft alle Tanzenden freihalten.

[1] Böhme I,171
[2] Böhme I,171
[3] vgl Birlinger, II, 286

Es gibt Belegstellen dafür, daß schon **Anfang des 14. Jahrhunderts** um den Preis des Hahnes getanzt wurde:

Pfeif auf, spileman,
ich wil tanzen um den han
und wil den ersten reifen springen. [4]

„Hartmann tadelt in seinem „Tanzteufel" (1677) die beim Hähnen- oder Göckerstanz, ebenso beim Hammeltanz übliche Tanzmanier als unstatthaft, da unter dem Tanze die Knechte den Mädchen in die Arme springen und von denselben werden in die Höhe gehoben". [5]

Der Hahn war dem slawischen Gotte Swantewit geheiligt, weil er das neue Licht des anbrechenden Tages verkündigt. Laut Grimm ist er ein Opfertier der Germanen. [6]
Nach altem Glauben unserer Vorfahren ist der Hahn in besonderem Sinn Träger der Lebenskraft. Er wurde auf die letzte Garbe gesetzt, lebendig auf einer Stange im Erntezug mit heimgebracht. Als „Ernteopfer" wird ein Kirchweihhahn geschlachtet und verzehrt.
Vielleicht kann man in den Hahnentänzen, wo ja der Hahn umtanzt wird (Umtanzen von Gegenständen), noch einen Rest alter Opferzeremonie sehen.

Hahnen- und Hammeltänze, heute also lustige Tanzspiele, sind auch an Kirbe beliebt. Freilich erinnert nur noch der Name an den einstigen Sinn des Festes: Kirchenweihe.

[4] zit b. Böhme I, 172
[5] ebda
[6] ebda

Abbildung 66
Wenn der Böller knallt und das Glas herunterfällt, hat das Tanzpaar, das gerade um die Stange tanzt, den Preis gewonnen. Holzstich von F. Reif nach Originalskizzen von G. Knapp. Schwäbisches Kulturarchiv

Abbildung 67 **Der Hammeltanz** bei einer Schwäbischen Kirchweih.
Nach einer Skizze von Georg Rößler ca. 1887. Schwäbisches Kulturarchiv

Abbildung 68

Kirchweihtanz in Laupertshausen

Landratsamt Biberach, Kreiskultur- und Archivamt

Abbildung 69

Schwäbische Kirchweih.

Gemälde von Heinrich Schaumann. SchwäbischesKulturarchiv

Ein Fest des Schmausens und Trinkens ist daraus geworden. Wahre Berge von Kuchen (möglichst viele Sorten) werden verzehrt. Für die ledige Jugend ist natürlich der Tanz das Hauptvergnügen. Heute wird samstags und sonntags getanzt. Früher war der Montag Tanztag; von morgens bis spät in die Nacht hinein war die Jugend beisammen und tanzte.
Die schwäbischen Kolonisten in Posen (1773 unter Friedrich II. dorthin gekommen) haben den alten Brauch mit übernommen: „Am ausgelassensten sind sie aber auf ihrem Hauptfest, das fast in allen Kolonien im Schwunge ist, auf der „Kirwe". Da kommen die alten Schelmenlieder zum Vorschein:

Im Herbst finden sich noch mancherlei ähnliche Feste, z. B. der Schäfertag an Bartholomäus (siehe unter Markgröninger Schäferlauf). Die Ernte ist eingebracht, die schwerste Arbeit des Jahres also getan. Dann ist Zeit zum Feiern.

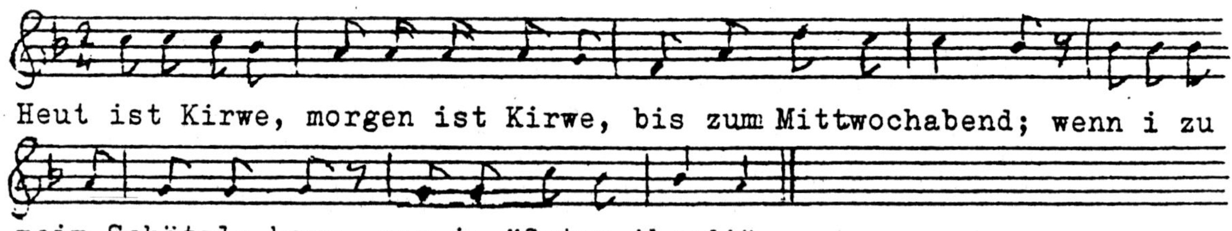

„Guten Abend, Lisbeth,
sag mir, wo dei Bettle steht!"
„Hinterm Ofe, imme Eck,
geh du, Schatz, i sag dir's net".

Das Fest wird in der Regel in der Zeit um den 14. Oktober gehalten.... Die Vorbereitungen und Vorfreuden nehmen geraume Zeit in Anspruch. Allenthalben wird geschlachtet, gebraten und gebacken. Musikanten ziehen herbei, ganz wie im alten Heimatland". [1]

Die Kirbe ist heute ein rechtes Volksfest, häufig mit einem „Vergnügungspark" dabei.
Bis ins 17. Jahrhundert hinein jedoch war die ursprüngliche Anschauung erhalten. In einem württembergischen Recht und Vogtbuch von 1600 lesen wir: „An der kürchweiung solle das tantzen verbotten sein". [2]

In manchen Orten wird die Kirchweih begraben (vgl. Fastnacht bzw. Abbildung 17). „Ein Schächtelchen wird herausgetragen auf die Wiese, in welchem die Kirchweih verborgen ist. Der ganze Zug bewegt sich mit, einzelne mit Schaufeln und Hauen. Der Kirchweih wird ihr Grab gegraben und das Schachtelchen hineingelegt" [3] (aus Oßweil bei Ludwigsburg).

[1]Kolesch, 149
[2]zit. b. M. Panzer, 33
[3]Birlinger II, 162

Hochzeit

Der Tanz ist dabei so wichtig, „daß Forscher wie E. Schröder die alten Namen für Hochzeit, die mit dem Wort „Brautlauf" zusammenhängen, vom Hochzeitstanz ableiten. Wird doch das ahd. Wort „hlaupan" in den Glossen mit lat. „salire" übersetzt, das „springen, tanzen" und nicht „laufen" bedeutet.
Andreas Heusler vermutet auch bei altenglisch „bryd lac", ahd. „hileich", niederländisch. „huweleic" noch den älteren Sinn des Hochzeitsreigens und nicht bloß Hochzeitsgesangs" [4] (Seite 118).

Der gallische Rhetor Apollinaris Sidonius berichtet aus dem Jahre 460 n.Chr. von den Franken, „daß vom nahen Uferhang der barbarische Brautgesang ertönte und sie sich unter Tänzen vermählten". [5]
Beim schwedischen Bauernvolk galt eine Ehe erst als richtig geschlossen, „wenn die Braut dem Bräutigam im Tanz übergeben war". [6]
Wir hören von Tänzen in und vor der Kirche und auf dem Friedhof. Solche Friedhoftänze sollen zweifellos eine Verbindung mit den Vorfahren herstellen. Von alters her lebte man in dem Glauben, daß die Sippe auch über den Tod hinaus zusammenhalte. [7]

[4]Wolfram, 98
[5]ebda.
[6]ebda
[7] vgl. Focke, 79

Abbildung 71
Heimkehr von der Kirchweih
Gemälde von E. Lasch, 1879
Schwäbisches Kulturarchiv

Abbildung 72
Einladung zur Hochzeit (Hochzeitslader)
Reinhold Braun,1861: Württembergische Landesbibliothek
Graphische Sammlungen

Nach Untersuchungen John Meiers war es einst so, daß die Braut auf dem Steingrab des Ahnherrn in dessen Familie aufgenommen wurde. Aus diesem Grabstein wurde dann der „Brautstein", auf den die Braut nach der Trauung stehen mußte. „In Schleswig-Holstein finden wir noch die direkte Überlieferung, daß die Verlobung am Ahnengrabe geschah". [1]

In Fleischwangen beginnt der Hochzeitstanz im Wirtshaus damit, daß der Hausknecht in seinem ganz gewöhnlichen Knechtsanzug zuerst mit der Braut tanzt, dann erst der Bräutigam. [2]

In der Gegend von Ehingen / Donau, geschah der Brauttanz in früheren Jahren so: „Von der Abdankung (Danksagung des Feldwaibels an die versammelten Hochzeitsgäste) aber haben die ledigen Burschen meist kein Wort gehört. Sie hatten anderes zu denken. Sie hatten nämlich aufzupassen auf den Augenblick, wenn der Feldwaibel endete. Welcher nun sogleich die Braut am Arme faßte, der hatte das Recht, den Brauttanz zu tun." [3]

Aus Bettringen bei Gmünd heißt es: „Auf dem Tanzboden im Wirtshause angekommen, bilden die Zuschauer einen Kreis, und alsbald herrscht lautlose Stille: Alle entblößen ihre Häupter. Der Hauxet- oder die Hauxetknechte stellen sich hinter der Hochzeiterin auf" [4] und der Hauxetlader sagt einen langen Spruch. „Kaum ist Amen gesagt, so tut der Hochzeitsknecht einen Juchzer, und sind es deren zwei, so schießt der Kleine einen Pistol ab. ... Mit der Braut werden nun vom Hauxetknecht (Brautführer) 3 Schleifer und 1 Hopser getanzt; ist sie des Tanzens nicht kundig, so versieht die erste Hochzeitsmagd ihre Stelle. Der Hochzeitsknecht behält während dieser Brauttänze den enttlößten Degen in der rechten Hand. Nach beendigtem Tanze gibt der Tänzer der Braut einen Handschlag, sie ihm aber ein Nastuch, das sie in der Tasche bereit hatte. Hernach tanzen der Bräutigam und die Braut und die Zeugen. Nach und nach gesellen sich auch andere Paare hinzu ... Der Hauxetknecht hat die Verpflichtung, jedes anwesende Weibsbild, sei es verheiratet oder ledig, alt oder jung, hübsch oder häßlich, zum Tanz aufzuziehen und, falls sie geht, mit ihr zu tanzen ... Aus diesem Grunde sind bei einer großen Hochzeit zwei Hauxetknechte da.
Die Hauxetmägde (Brautfräuleins) haben außer der Austeilung der Sträuße (meist Rosmarinstengel) an die Gäste, die erst während des Nachmittags und später kommen, die gleiche Funktion bei den Mannsleuten zu verrichten, gleichviel, ob verheiratet oder ledig, jung oder alt ... Natürlich belustigen sich auch noch viele anwesende Gäste durch Tanz, ohne durch offizielle Weise hierzu eingeladen zu werden. - Bei jeder Hochzeit werden nur ganz kurze Tänze aufgespielt, und nach einigen Tänzen geben die Spielleute durch Klopfen an eine Geige das Zeichen, daß es nunmehr am Platze sei, den Spiellohn zu bezahlen ... Am Abend kommen die Ledigen beiderlei Geschlechtes. Jetzt wird's erst recht lustig. Vor jedem Tanz wird ein Liedlein gesungen. Oft kommen auch im Gesang Sticheleien vor, was am Ende nicht selten zu Reibereien führt ... Nachts um 12 Uhr brechen die Hochzeitsleute auf. Zuvor muß aber der Hauxetknecht der Braut den Kranz herunter nehmen. Die Musikanten spielen hierzu ein gewisses Stück auf. Wird er während dieser Zeit mit seiner Arbeit nicht fertig, so kostet es ihn eine Maß Wein". [5]

In Steinhofen bei Hechingen wurden sofort nach der Trauung die Dreitänze von Braut und Brautführer, Gespiel und Gespielführer getanzt. Nach Beendigung der Dreitänze geben die beiden Tänzerinnen ihren Tänzern ein weißes Schnupftüchlein, das sog. Ehrentüchle. Dann bringt der Gesell den beiden Paaren eine Flasche Wein, die großenteils den Umstehenden kredenzt wird. [6]

Das Zechen war schon immer wichtig bei der Hochzeit. In der Herraud - Bose - Sage erfahren wir bei einem Hochzeitsmahl von Trankopfern, die allen Göttern gewidmet waren, und von Tänzen. „Diese Musik ... hatte die Wirkung, daß alle Frauen aufsprangen und tanzten, bis sich alle wieder zum Trankopfer niedersetzten und lustig, trunken und rauschend wurden". [7]

[1] Wolfram , 123
[2] Birlinger II, 392
[3] Birlinger II, 366
[4] Birlinger II, 347
[5] Birlinger II, 348
[6] Dr.A. Mack = Bohnenb. Jg. 1912, Nr.2/3, 11
[7] Böhme I, 11

Abbildung 73
Abschied vom Elternhaus
Benjamin Vautier

Abbildung 74
Hochzeitszug
Louis Braun. Württembergische Landesbibliothek, Graphische Sammlungen

„Eine alte Sitte war, daß vor Vermählungen das Brautpaar einen Becher zusammen leerte und durch diesen Trunk (Minnetrank) die Ehe für geschlossen erachtete“. [1] 1277 eifert eine Synode noch gegen diesen Brauch als einer Unsitte.

In der Gegend von Aalen soll es vorgekommen sein, daß in der Kirche, während auf der Porbühne (Empore) die Musikanten einen Tanz spielten, die Hochzeitsleute hintereinander vor den Altar liefen und geweihten Wein vom Priester bekamen. Im Fränkischen fand man diese Sitte auch. [2]

G. Graber [3] schildert rituelle Hochzeitstanzbräuche Kärntens, womit Wein - Ehrentänze in Zusammenhang gebracht werden. „Im Glantale nimmt der Brautführer zuerst die Braut bei der Hand, in der anderen hält er eine Flasche Wein. Er beginnt in einer Ecke des Tanzbodens. Zuerst nimmt er den Hut ab, schüttet, wie im uralten Opferbrauch, Wein in Kreuzform auf den Boden und spricht: *Gott Vater, Gott Sohn, Gott Heiliger Geist*. Dann tanzt er mit der Braut.
Beim zweiten Teil nimmt er die Altmutter, beim dritten die Kranzjungfrau, jedesmal dieselbe Zeremonie wiederholend“.

Leopold Kretzenbacher [4] spricht von rituellem Entsühnen und Segnen des Tanzbodens vor Beginn des Hochzeitstanzes. (Im Mittelalter galt der Tanz als Teufelskult. Durch Segenshandlungen und Zeichen wollte man sich vor dem Zugriff des Bösen schützen).

Das Tanzen bei der Hochzeit wird also in der Regel in feierlicher Weise eröffnet. Es tanzen zunächst nur einige hervorgehobene Paare. Inhaltlich geschieht bei den Ehrtänzen fast immer folgendes: „Einmal der Abschied der Braut von ihren Gespielen und Altersgenossen. Dann der Übergang und die Aufnahme in den Kreis der Verheirateten und drittens die Übergabe der Braut an den Bräutigam“. [5]

In Kaschuben tanzt die Braut vor der Haubung mit allen Burschen und Mädchen, nach derselben mit allen Frauen und Männern. Von da ab gehört sie zu den Verheirateten.

Beim eigentlichen Brauttanz, der oft erst um Mitternacht stattfindet, wird dann der Brautkranz abgenommen (Kranzlabtanzen), der Brautführer oder der Vater übergibt die Braut dem Bräutigam. Nun erst hat er ein Recht auf seine Braut.
„Der Brauttanz bildet die entscheidende brauchtümliche Rechtshandlung dieses Tages“. [6]

In manchen Gegenden Schwabens tanzen Braut und Bräutigam gleich den ersten Tanz zusammen, danach er mit Frauen und Mädchen, sie mit allen Männern. Beim Brauttanz muß genau darauf geachtet werden, daß er richtig ausgeführt wird. Ein Fehler bei demselben gibt Anlaß zu Spötteleien den ganzen Tag über, oder aber gilt er als böse Vorbedeutung für das Leben der Neuvermählten.

In Schopfloch bei Freudenstadt wurde früher bei Hochzeiten auch der Siebensprung getanzt (vgl. Gutacher Siebensprung). [7]

In Steinhofen war ehemals der sogenannte Dreischlag üblich: „Zunächst tanzt das Paar zusammen, dann läßt man sich los, stellt abwechselnd die Beine kreuzweise übereinander und hüpft so eine Zeitlang im Tanzsaal herum. Hierauf läßt man sich rasch in die Knie, wobei die Tänzerin den Rock zwischen die Beine nimmt und in dieser hockenden Stellung weitertanzt. Dabei wird mit Händen und Füßen durch Klöpfen und Klatschen gewaltiger Lärm gemacht. Nach einiger Zeit erhebt sich das Paar wieder und tanzt miteinander, sich gegenseitig an den Hüften haltend“. [8] Pfarrer Höhn [9] sagt über die Ausführung im früheren Oberamt Gerabronn: „Man schlug zuerst mit dem Absatz, dann mit den Zehenspitzen des einen Fußes, sodann mit der ganzen Sohle des andern Fußes auf den Boden“. Das erklärt den Namen.
Wir haben zweifellos einen alten Frauentanz vor uns (vgl. Schweizerlestanz), der - unverstanden - auch von Männern ausgeführt wurde (vgl. die Bedeutung von gewaltigem Lärm mit Schellen und Glocken bei Umzügen).

[1] Böhme I, 182
[2] vgl Birlinger II, 387
[3] zit.b. Wolfram, 103
[4] Freveltanz und Überzähliger, Klagenfurt 1954, 852 f.
[5] Wolfram, 100

[6] Wolfram, 100
[7] Bericht v.Pfarrer Höhn, Onolzheim, über Hochzeitsbräuche, Stuttgart 1912 (aus dem unveröffentl. Material, das mir Prof. Karl Horak, Schwaz / Tirol, freundlicherweise zur Verfügung stellte - abgekürzt: Horak)
[8] Mack = Bohnenberger Jg. 1912, Nr. 2/3 11
[9] Bohnenberger Jg. 1910, Nr.3, 19

Abbildung 75

Hochzeit

Reinhold Braun 1862. Württembergische Landesbibliothek Stuttgart, Graphische Sammlungen.

Abbildung 76

Hochzeitsessen

Auf der Balinger Alb war das typische Hochzeitsessen Bratwurst, Spitzwecken, Kartoffelsalat und grüner Salat.
Foto: Manfred Stingel

Abbildung 77

Fruchtbarkeitssymbole

Unverkennbar die Symbolik.
Foto: Manfred Stingel

Eines der wichtigsten Geräte bei der Hochzeit ist die Kunkel. Siedelt die Frau nach der Hochzeit in ein anderes Dorf über, wird die Aussteuer, das Brautfuder, auf einem großen, mit Pferden bespannten Wagen in die neue Heimat gefahren.
Die Krönung des ganzen ist die Kunkel, geschmückt oder mit Hochzeitsgeschenken behangen. Aus dem Remstal wird berichtet, daß die Kunkel nach der Trauung von den Ledigen geholt und dreimal umtanzt wird: Im Brauthaus, unterwegs auf der Straße und im Wirtshaus.
Im Lechrain geschah der Einzug ins Hochzeitshaus so, „daß die stärkste Kranzljungfer das mit Bändern geschmückte Wahrzeichen weiblichen Fleißes hochhielt. Die Mädchen faßten die Enden der Bänder und unter diesem ausgespannten Bandgitter tanzte das Brautpaar und die ganze Hochzeitsgesellschaft hindurch". [1]

Solange im Niedersachsenhaus in Norddeutschland, der Herd frei im Raum stand, wurde er umwandelt bzw. umtanzt.
Herd und Tisch sind ebenso wie die Schwelle des Hauses etwas Heiliges ... Es ist im Grunde das Verbinden des neuen Familienmitgliedes mit der Sippen- und Ahnengemeinschaft. Denn Herd und Schwelle gelten auch als Ahnensitz ...

Vom Feuer bei Hochzeiten hören wir mancherlei. Wolfram [2] gibt das Wort eines finnischen Bauern wieder: „Alle Feuer rufen die Seelen mit warmen Händen, mit warmen Herzen". Brennende Kerzen seien Totenseelen. Auf solche Anschauung gründete sich ein schöner Brauch in sudetendeutschen Bezirken: Am Fasching oder zur Kirchweih wurde eine Kerze angezündet. „Solange sie brannte, waren nach dem Glauben der Leute die Seelen der Verstorbenen anwesend, die sich auch an Tanz und Festlichkeit freuten und teilnahmen". [3]
Man nannte das die „goldene Stunde". Aus verschiedenen Gegenden hören wir, daß zum Brauttanz Kerzen entzündet werden. Vielleicht sollte das auch die Ahnen rufen?

Auf andere Weise geschah dies in manchen Orten Westböhmens: Zu Beginn des Brauttanzes stellte sich der Hochzeitslader mit der Braut auf. „Aus einer Liste las er die Namen der beiderseitigen Großväter, Väter und Vettern nach dem Grad der Verwandtschaft vor und forderte auch sie alle zum Brauttanz auf. Nach jedem Namen beteten alle ein Vaterunser und Ave Maria. Die ganze Kette der Generationen ist es also, die es angeht". [4]

Den letzten Tanz führen Bräutigam und Braut allein aus. Gewöhnlich werden brennende Kerzen im Kreis auf den Boden gestellt oder von drei Mädchen oder überhaupt drei Personen gehalten. Das Brautpaar tanzt drei Touren allein, hierauf die Hochzeitsknechte- und mägde.
Oder aber tanzt das Brautpaar die beiden ersten Touren allein, an der dritten nehmen auch die Brautjungfern teil. Von den aufgestellten Lichtern soll keines durch die Tanzenden ausgelöscht werden; das würde Unglück bedeuten (Horak).

Ob brennende Kerzen in obigem Sinn verstanden werden müssen, läßt sich nicht entscheiden. Vielleicht ist es auch eine andere Form des Brauches aus dem Gömörer Komitat (Ungarn): „Da geleitete der Brautwerber mit einer dreiteilig brennenden Kerze die Braut und die ihr nachfolgenden Mädchen tanzend in die Kammer". [5]
In diesem Augenblick muß die Braut vor bösen Dämonen geschützt und die Macht des Lichtes (Symbol dafür ist das Feuer) gewonnen werden. (Reinigung und Abwehr einerseits, Verehrung und Gewinnen der Licht- und damit Segenskraft andererseits begegneten uns im Kapitel „Tänze um das Feuer")

Bei den Turnieren im Mittelalter, die häufig mit Abendtänzen endigten, kommt auch der **Fackeltanz** vor.
Der Reichsherold Georg Rüxner verzeichnet das 1. Turnier unter Kaiser Heinrich I. zu Magdeburg im Jahre 935, das letzte 1487 zu Worms ...
Gewöhnlich waren fürstliche Hochzeiten mit den Turnieren verbunden ...
Am Kurfürstlich Brandenburgischen Hofe war der Fackeltanz nachweislich schon im 16. Jahrhundert eine hergebrachte Sitte",[6] wurde unter Friedrich Wilhelm II. (1786-97) offiziell festgelegt und noch 1913 geübt bei der Hochzeit der Tochter Wilhelms II. mit dem Herzog von Braunschweig.

[1] Wolfram, 125
[2] Wolfram, 115
[3] ebda, 127

[4] Wolfram, 123
[5] Wolfram, 124
[6] Böhme I, 75 f

Aber auch im bäuerlichen Bereich gab es Fackeltänze. „Der Fackeltanz des Spessarts zur Hochzeit, der an deutschen Fürstenhöfen sowie in den skandinavischen Ländern sind Endglieder einer Entwicklung, die einst im Brauchtum zur Feier der wieder steigenden Sonne und ihrer lebenspendenden und -wirkenden Lichtkraft begann“. [1]

Neben den „kultischen" Tänzen spielt der Tanz auch für alle anderen Hochzeitsgäste eine große Rolle.

Da gibt es z.B. die Freitänze. Ein Freitanz besteht entweder aus 3 Tänzen (Schwarzwald und die Gegend um Crailsheim) oder bloß aus einem; dabei kann sich das zahlende Paar die Tanzart bestimmen. In der Regel werden sie jedoch zu Ehren eines bedeutenden Gastes veranstaltet.

Birlinger [2] erzählt von einer oberschwäbischen Hochzeit: „Alle andern tanzenden Paare müssen auf den Augenblick des Freitanzausrufens einhalten und haben das Zusehen. Nach jeder Tour wird das Weinglas kräftig gehandhabt.... Sodann beginnen auf des Freitänzers Wink und auf seine Erlaubnis hin alle umstehenden Paare ihren Reigen wieder, und zwar bis wieder ein Freitanz ausgerufen wird, was in der Regel nicht gar lange ansteht. So können oft an einem Nachmittag 50-60 Freitänze vorkommen, wobei der am meisten Freitänze bekam, der seine Taler und Gulden recht prahlhansmäßig springen ließ auf der Musikantenbank“.

Hans Mayer [3] erzählt von einer Hochzeit auf der Schwäbischen Alb in der Nähe von Ulm: Am Spätnachmittag aber sehen und hören wir folgendes: Die Hochzeitspaare stehen in der Saalmitte zusammen und singen:

Jetzt wird 's Zeit für die Musikanten. Alsbald spielen die auf die gleiche Tanzweise einige Runden, und alle Paare tanzen den Ländler, den alten „Schwäbischen“. Da wird’s lebendig; die Wechselfolge zwischen Gesang und Tanz geht weiter.

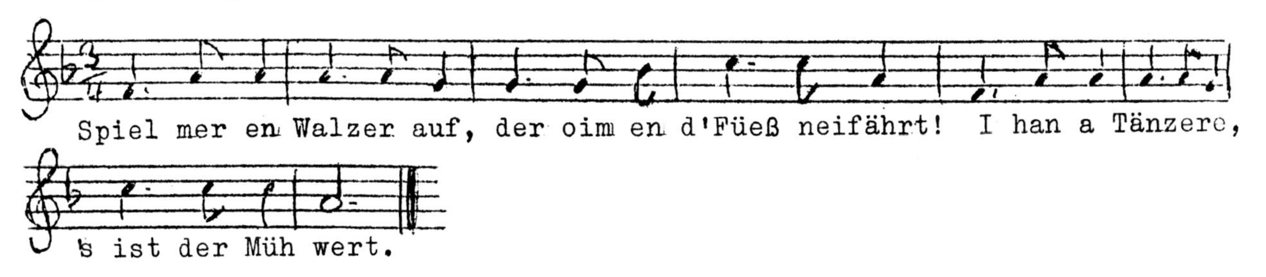

Vgl. C. M. v. Weber
Oberon: O wie wogt es sich schön

[1] Hans v.d. Au Das Volkstanzgut im Elsaß, 1941
= Oberdeutsche Zeitschrift f. Volkskunde 15, 14-25

[2] Birlinger II, 329

[3] Aus dem unveröffentlichten Material des Süddeutschen Rundfunks, das mir Herr Wilhelm Kutter freundlicherweise zur Verfügung stellte.- Abgekürst: (SDR) -.

Dazwischen wird der Dorflehrer, der ja auch eingeladen ist, ein wenig gehänselt:

Der hat's natürlich längst gemerkt und weiß seinerseits einen Neckvers:

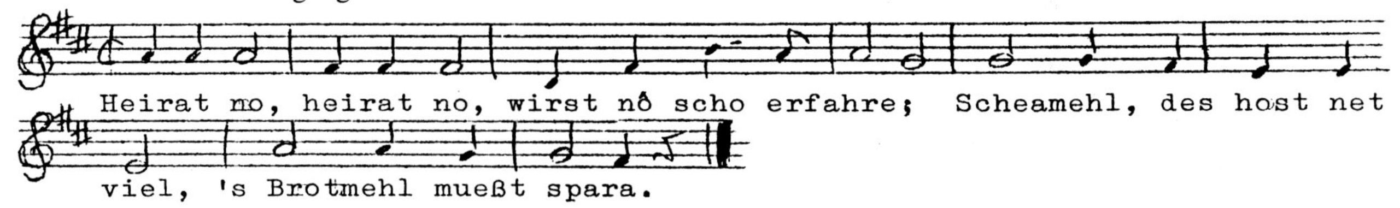

Dann kommen die Ortschaften dran:

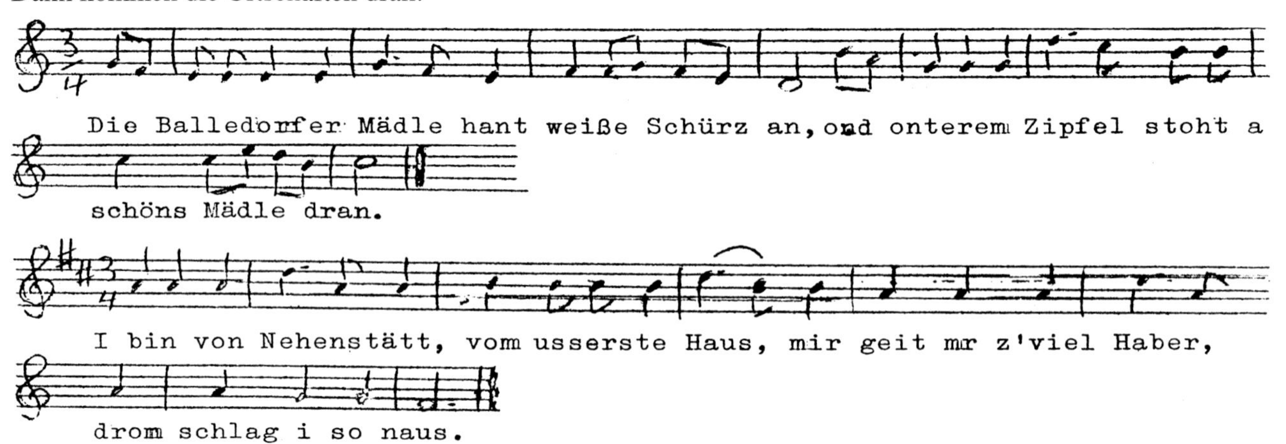

So kann das, wenn die Richtigen beisammen sind, stundenlang weitergehen, in einem Gesangs- und Tanzwechsel von lebendigster, einfallsreichster, lustigster Textschöpfung und reizvoller, bodenständiger Melodieführung.

Doch hören wir weiter, es steigt die Stimmung und der Ton:

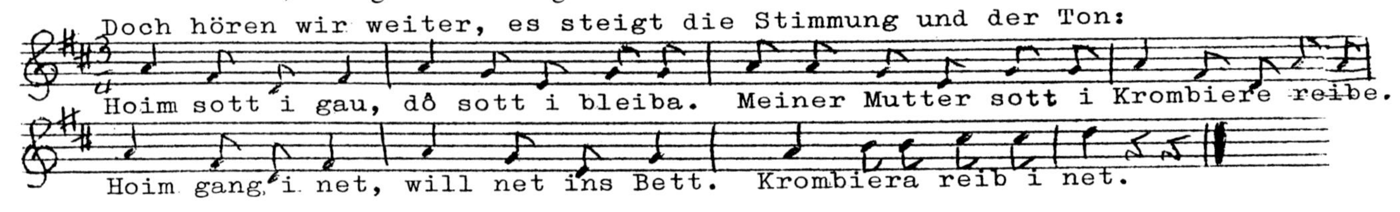

Da hört man von der Straße her rufen:

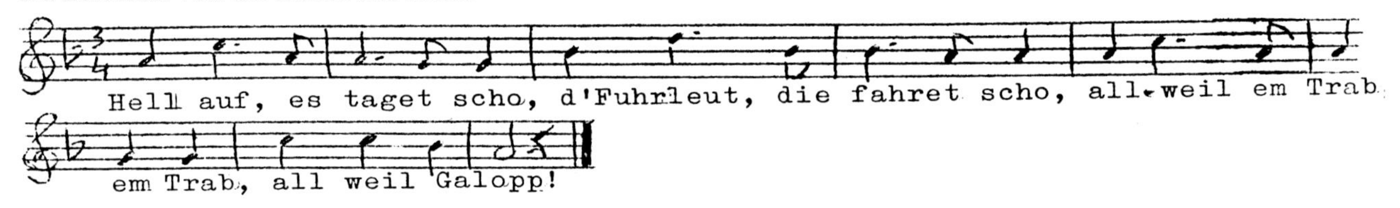

Es ist spät geworden, das Brautpaar bricht, begleitet von den Hochzeitsknechten und -mägden, zum Heimgang auf. Schon vorher ist durch getragene Weisen ein ernster Unterton aufgekommen. Nun bilden die Hochzeitsleute schweigend einen Kreis ums Brautpaar, das inzwischen die drei Schlußrunden bei Kerzenschein tanzt, und singen, ein Weinglas herumgebend, das Hochzeitskränzlein:

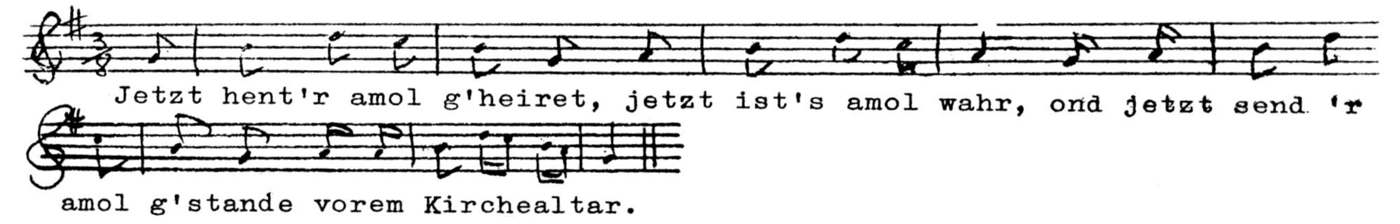

Aus der Schweiz ist die Melodie bekannt als Mai - Ansinglied: „Der Maien ist kommen".

Das Heimführen der Braut Abbildung 78 Carl Doerr um 1820 Städtisches Museum Ludwigsburg Inv. Nr. 4178
Das Heimführen der Braut hatte früher eine wichtige Bedeutung. Dazu wurde ein Erntewagen (Heuwagen) geschmückt. Der ganze Hausrat der Braut wurde darauf geladen. Besonders wichtig war der Brautschrank (oft bemalt) mit dem Weisszeug und die Kunkel. Man sah gleich am Brautwagen, ob es sich um eine wohlhabende oder ärmere Braut handelte. Ein reicher Brautwagen war für das künftige Ansehen der Ehefrau im Dorf des Bräutigams besonders wichtig. Deshalb wurden Brautwagen manchmal sehr reich beladen.**Originalzitat eines Albbauern: Beim hoimführo hot ma viel zoigt, aber am andera morga hot ma wiedr viel gholet.** Abbildung 79 Johann Babtist Pflug, Württembergische Landesbibliothek Stuttgart, Graphische Sammlungen.

Noch zwei weitere Heimsinglieder:

Jetzt hast du halt g'heirat,
jetzt bist du a Mann,
jetzt schaut de dei Lebtag
koi Mädle mehr an.

Jetzt hast du halt g'heirat,
jetzt bist du a Weib,
jetzt siehst du dei Lebtag
koim Mädle mehr gleich.

Mädchen und Frau unterscheiden sich schon äußerlich durch verschiedene Kleidung. - Die Melodie ist eine Variante zu: „I hab a schön's Häusle".

Wein', Mädele, wein,
mr geit de z'letztmol hoim,
mr geit de übers Stiegele,
kriegst nix als lauter Prügele,
wein, Mädele, wein,
mr geit de z 'letztmol hoim.

Wein, Mädele, wein,
mr geit de z' letztmol hoim,
mr geit de übers Buckele,
kriegst nix als Wassersuppele,
wein, Mädele, wein
mr geit de z'letztmol hoim.

Die Melodie ist verwandt mit „Schlaf, Kindlein, schlaf".

Übrigens wurde früher die Wahl der Instrumente nach Ständen abgestuft und genau vorgeschrieben. Nach einer Berliner Polizeiordnung von 1604 waren dem dritten Stand (Dienstmägden, Knechten und Tagelöhnern) Trommeln verboten den Bürgern (zweiter Stand), jedoch zugestanden.
Den Zünften in Ulm waren nur die „leisen Instrumente" - Streicher- erlaubt.
Die alten Geschlechter und Ritter hatten meist eigene Spielleute, die niemand sonst dingen durfte. Ihnen waren alle Instrumente gestattet einschl. Trompeten und Posaunen. Im allgemeinen wurde also auch die Hochzeitsmusik Stande oder Vermögen nachgeordnet.[1]
Ebenso war die Teilnehmerzahl von Hochzeitsgästen genau festgelegt, wiederum dem Rang und Besitztum entsprechend. Wer also unaufgefordert bei einer Hochzeit erschien, war gänzlich rechtlos, er mußte sich auf eigene Gefahr hinbegeben. [2]

Aus Rottenburg hören wir, daß die vornehmen Hochzeiten im Rathaussaal abgehalten wurden.

Zu den „Zechhochzeiten" der Ärmeren im Wirtshaus konnte kommen, wer wollte, aber alle mußten etwas schenken. Wer ein bißchen Raum hatte, „hielt die Hochzeit zu Hause, wobei nicht selten Scheuern zu Tanzplätzen umgewandelt wurden". [3]

Bis zum Ende des 18. Jahrhunderts fanden die angesehenen Hochzeiten in Räumen statt, die dem Rat und nicht dem Wirt gehörten.

Wie so oft bei solchen Gelegenheiten wurde der Tanzlust des Volkes Einhalt geboten. In der Reichsstadt Eßlingen wurden 1545 die Nachhochzeiten und -tänze verboten.

[1] vgl. M. Panzer, 52
[2] vgl. M. Panzer, 43

[3] Birlinger II, 393

Abbildung 80

Bräuteln in Sigmaringen

Ein Historischer Brauch, urkundlich erstmals 1723 belegt. Nach dem Volksmund soll der Brauch nach dem 30jährigen Krieg entstanden sein. Wegen der Notzeit soll niemand den Mut gehabt haben zu heiraten und einen eigenen Hausstand zu gründen. Deshalb sei beschlossen worden, denjenigen der als erster wieder heiratet, am Fasnetsdienstag um den Brunnen zu tragen. Seither wird der Brauch jedes Jahr durchgeführt. Alle Burschen die im vorhergegangenen Jahr geheiratet haben, alle Männer die Silberne oder Goldene Hochzeit im letzten Jahre gefeiert haben, werden auf einer Stange von 4 Bräutlingsgesellen um den Stadtbrunnen getragen. Die „Bräutlinge" werden von den Bräutlingsgesellen in einer Zeremonie vorher persönlich eingeladen. Unter dem Ruf; "Nauf, nauf, nauf auf d' Stang" nehmen jährlich bis zu 50 Bräutlinge unter großem Anteil der Bevölkerung teil.

Text: Wilhelm Rösler

Bild: Bräuteln am Fasnetsdienstag, Holzstich nach einer Originalzeichnung von Theodor Volz „Die Bräutlingsfeier zu Sigmaringen" (ca. 1892). Reproduktion: Fotostudio Asmus, Sigmaringen.

Eine wiederholt bekanntgemachte Hochzeitsordnung (1556, 1558, 1560, 1592, 1604 und 1611) sagte: „Tänze werden nur bei geschlossenen Türen in guter Zucht und Ehrbarkeit, und zwar nicht länger als bis 10 Uhr nachts gestattet...“. [1]
Da während des 30jährigen Krieges neben anderen Sünden und Lastern auch der Aufwand bei Hochzeiten überschwenglich gestiegen war, bestimmte eine erneuerte Hochzeitsordnung von 1659, „es darf aber ein ehrlicher Tanz stattfinden, der vor und nach dem Nachtessen bis 10 Uhr oder 1/2 10 Uhr fortgesetzt werden kann“. [2]

Zum Schluß dieses Kapitels noch ein paar Feste, die mit der Hochzeit in engem Zusammenhang stehen:

Die Redensweise: *„Das kostet einen Pfeffer“*, oder *„Der hat seinen Pfeffer“* stammt ursprünglich aus Rottenburg. Bei der Rotgerberzunft war es ehedem üblich, daß die junge Meistersfrau am Tag nach der Hochzeit allen Rotgerbersfrauen den **Pfeffer** (Fleischspeise in scharfgewürzter Tunke) geben mußte. Das war ein großartiger Schmaus, der auf ihre Rechnung ging. Tanz war ein Hauptvergnügen dabei. Allerdings waren außer dem Hausherrn nur die beiden Ehrengesellen (Kirchenführer) anwesend. Sie hatten die Pflicht, mit allen anwesenden Frauen zu tanzen.[3]

Zu Scheer (bei Sigmaringen) und in der Umgebung herrschte die Sitte, daß die ledigen Mannsleute am Ende des Jahres bei jedem Neuverheirateten einkehrten, dort tanzten und darauf den Ehemann im Ort herumtrugen und am Ende in den Brunnen tauchten, falls er sich nicht vorher von diesem Vergnügen freigekauft hatte. [4]
Als Bräuteln- oder Bräutigamsbaden war dieser Brauch ziemlich weit verbreitet, meistens am Fastnachtsmontag oder -dienstag. Vermutlich hatten auch diese Gepflogenheiten einen tieferen Sinn.
Der „Pfeffer" könnte eine Aufnahme in den Bund der Rotgerberfrauen darstellen; vielleicht war es ursprünglich nur ein Fest der Frauen, gefeiert unter Ausschluß der Männer (vgl. Weiberbund und sein Tanzbrauchtum). Beim „Bräutlingbaden“ handelt es sich wahrscheinlich um ein endgültiges Loskaufen von der „Burschenschaft“. Als Aufnahmeritus begegnet uns das „Brunnentauchen“ häufig (s. unter Haller Siedersfest). Tötung und Wiederbelebung (Taufe) ist ein altes Motiv der Initiationsriten, das ursprünglich wohl mit der Jünglingsweihe zusammenhängt.
Birlinger [5] bringt ein ähnliches Beispiel aus Munderkingen a. d. Donau, das heute allerdings zur Volksbelustigung herabgesunken ist: Zur Fastnachtsfeier der Burschenschaft wurden 2 Mitglieder ausgewählt, die auf dem Brunnenrand 3 Schleifer und einen Hopser tanzen und in den Brunnen springen mußten. Diese Taufe hier ist noch verbunden mit dem Tanz um den Brunnen, die Wirkung, das Wiedergeboren werden, soll dadurch verstärkt werden (vgl. Tanz um Gegenstände).

Feste und Tänze der Zünfte

„Zu dem Kennzeichen einer gesunden und fröhlichen Vorzeit und zu den besonderen Beweisen des Wohlstandes und Flores der Handwerker gehören ihre öffentlichen festlichen Aufzüge und Tänze, von denen einige jährlich, andere nur bisweilen gehalten wurden ... Die meisten Aufzüge der Handwerker ... blieben in ihrer Form jahrhundertelang immer gleich. Die Innungen: Meister, Gesellen und Lehrjungen eines besonderen Handwerks, ziehen festlich geschmückt mit ihrem Innungsabzeichen, Fahnen und Kränzen, auch Trinkgeschirre tragend, mit Musik von Pfeifen und Trommeln durch die Stadt nach einem bestimmten Hause, wo sie fröhlich zechen und tanzen“. [6]

Paul v. Stetten [7] schreibt in seiner Geschichte der Stadt Augsburg: „Sobald in unserer Stadt durch Handel und Gewerbe Wohlstand emporkam, zeigte sich auch guter Mut und Fröhlichkeit. Selbst das gemeinste Volk belustigte sich. Mit Zechen und Tänzen auf offener Straße in fröhlichen Gesellentänzen der Geschlechter, um Kränze und Hahnen, zog es jauchzend in der Stadt umher, zechte vor den Türen der Häuser an zubereiteten Tischen und Bänken und beging dabei mancherlei Unordnung, daß endlich die Obrigkeit es für nötig fand, dergleichen Ausschweifungen Einhalt zu tun und im Jahre 1512 dergleichen Gesellen-, Kranz- und Hahnentanze gänzlich abzustellen“.

Die Hauptzeiten für diese Handwerkerfeste waren gewöhnlich der 3. Pfingstag, die Fastnachtszeit, manchmal auch der Johannistag.

[1] Böhme I, 117
[2] Böhme I, 117
[3] vgl Birlinger II, 402 f
[4] vgl Birlinger II, 48 (Fußnote)
[5] vgl Birlinger II, 32f
[6] Böhme I, 63
[7] ebda

Der Nürnberger Schwerttanz

Abbildung 81

Kettenschwerttanz der Nürnberger Messerer, 1600

Das „Schönbartlaufen“ in Nürnberg war ein Maskenfest das 1349 entstand und 1539 verboten wurde. In einer 1701 zu Altdorf gedruckten Beschreibung dieser Fastnachtsbelustigung heißt es vom Jahr 1349: Die Messerer tanzten mit bloßen Schwertern. Auch im Jahr 1386 sollen die Klingenschmiede getanzt haben. Ab 1490 wird der Schwerttanz in Nürnberg mehr oder weniger regelmäßig getanzt.

Die Abbildung zeigt den Kettenschwerttanz der Nürnberger Messerer im Jahr 1600.

Germanisches Nationalmuseum Nürnberg, Inv. Nr. HB 25369

Aus einem Gedicht von Hans Sachs erfahren wir einige Einzelheiten über den Tanz (1560). Herbert Oettke hat in seinem Buch „Der Deutsche Volkstanz“ den Nünberger Schwerttanz bis ins kleinste Detail beschrieben.

Abbildung 82

Schwerttanz der Germanen - Kleidung

Der römische Schriftsteller Tacitus hat uns im 1. Jahrhundert eine anschauliche Schilderung der Lebensweise unserer Vorfahren hinterlassen. Tacitus schreibt über den Tanz der Germanen:
Es gibt nur eine einzige Art der Schaustellung bei ihnen, die bei jeder festlichen Zusammenkunft in derselben Weise verläuft: Nur wenig bekleidete Jünglinge, für die das ein sportliches Vergnügen ist, werfen sich in tanzartigen Sprüngen zwischen gezückte Schwerter und drohend erhobene Framen. Die lange Übung (in diesem Spiel) hat zu einer gewissen Gewandtheit geführt, die Gewandtheit zur Anmut; trotzdem gehen sie dabei nicht auf Erwerb oder klingenden Lohn aus: Das Vergnügen der Zuschauer ist der Lohn für ihre spielerische Freude, so tollkühn sie ist.

Übersetzung aus dem Lateinischen von A. Mauersberger 1971 Foto: Manfred Stingel 1986 bei einem Rekonstruktionsversuch der Volkstanzgruppe Frommern im Jahr1986.

Die Werkstätten des dänischen Nationalmuseums in Kopenhagen haben originalgetreue Rekonstruktionen der Kleidung adliger Germanen aus dem 1. Jahrhundert, nach den Funden von Thorsberg und Lone Hedde, für die Volkstanzgruppe Frommern angefertigt. Den Silberschmuck fertigte Helmut Greif.

Abbildung 83

Keltischer Schwerttanz

Schon vor 2.500 Jahren wurden in unserer Gegend schon Schwerttänze getanzt. Die Abbildung ist eine Grabbeigabe des Keltenfürsten von Hochdorf (Stuttgart). Siehe Seite 3.

Abbildungen 84 - 85

Typisch für die Sueben war der Haarknoten.
Siehe auch Seiten 8 - 12
Bild: Karl Schumacher, Germanendarstellungen 1912

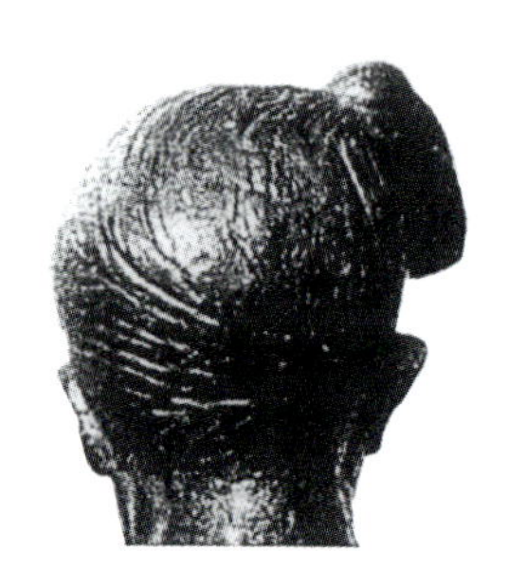

Eine Hauptrolle bei den Zünften spielte die Dänzelwoche, eine Jahresfestwoche der Gesellen. Voran stand die Weber - Dänzelwoche in der Lorenzwoche. Vorher durfte keine andere Zunft ihre Dänzelwoche halten.
„Es war der Tag der jährlichen Zunftgenossenschaft, wo unter der Leitung der gewählten Vorstände die Angelegenheiten der Zunftgemeinde, z. B. Aufnahme neuer Meister, Verhängen von Handwerksstrafen, Freisprechen der Lehrlinge, abgetan wurden“.[1]

Das Fest begann mit feierlicher Prozession, dann gemeinsamem Besuch des Gottesdienstes. Mahl und Tanz spielten eine große Rolle.
Fast jede Zunft hatte den ihr eigenen Tanz. Zur Durchführung der Tanzordnungen waren Zunftmeister mit mehreren Gehilfen bestimmt.
Die Zunfttänze sind Reste alter Kultformen und Höhepunkte des Gemeinschaftslebens.[2]
Eine spätere Entwicklung zeigt den Tanz als gesellige Unterhaltung oder als Repräsentation der Zunft.

Einer der ein- und ausdrucksvollsten Tänze dieser Art ist der **Schwerttanz**. Tacitus schildert schon in seiner „Germania“ Kap.24:
Bei den Germanen gibt es nur eine Art von Schauspiel, und bei jeder Zusammenkunft das Gleiche: Nackt werfen sich Jungmänner, die das zur Kurzweil treiben, im Sprung zwischen die Schwerter und drohende Framen (Fram = norw. vorwärts). Übung hat Kunst erzeugt, Kunst Anmut, aber nicht um Gewinn oder Lohn. Verwegensten Spieles Preis ist die Freude der Zuschauer.[3]

Über ein Jahrtausend hört man nichts mehr vom Schwerttanz. Erst 1389 - 1404 wird er wieder schriftlich erwähnt in Brügge (Flandern) als Spiel der *"ghesellen, die met zwerden speilden up den vatenavend".*[4]

Verschiedene Schwerttänze sind in Europa verbreitet. Im Mittelalter war er in fast allen größeren deutschen Städten verbreitet. Es gibt Geschicklichkeitstänze, wobei Säbel oder Messer gegeneinander schlagen, daß es kracht und blitzt. Es gibt einen Messertanz der Griechen, der schon bei Plato erwähnt wird. Auch die Kelten kannten Schwerttänze (Hochdorf).

Bei vielen Schwerttänzen im Westen und Süden Europas wird oft ein Spiel, ein Kampf zweier Gruppen dargestellt (Moreska), meist Christen gegen Ungläubige (in Spanien gegen die Mauren und im Südosten gegen die Türken).

Bei unserem Schwerttanz dienen die Schwerter als verbindendes Glied von einem Mann zum nächsten. Es entsteht eine Kette, die sich im Tanz zu immer neuen Figuren zusammenschlingt und wieder löst. „Es ist ein geradezu phantastisches Linienspiel, das an die Aufmerksamkeit und Beherrschtheit der Tänzer höchste Anforderungen stellt; zumal bei den bäuerlichen Tanzformen, die mit sehr großem Schwung und ohne die vielen Unterbrechungen getanzt werden, die sich in den Städten eingeschlichen haben, denn da herrscht mehr ein gravitätisches Schaugepränge“.[5]

Ursprünglich war der Schwerttanz ein Vorrecht der Schwertfeger und Messerschmiede.
Dr. Sieber (zit. bei Weckerle) untersuchte Schwerttänze aus etwa 70 Städten und Dörfern von Siebenbürgen bis Flandern und von Böhmen bis Bern. Fast überall fand er gemeinsame Züge:
„Immer wurde der Schwerttanz an Fastnacht (oder bei besonders festlichen Anlässen) getanzt; fast überall waren die Teilnehmer ledige Burschen, oft von einer bestimmten Zunft und in besonderer Kleidung. Häufig war mit dem Schwerttanz noch ein Laternen-, Reifen-, Mohrentanz oder ein Fahnenschwingen verbunden; immer wurden die Schwerttänzer von einem (oder zwei) Narren begleitet. Immer kam am Schluß ein Rundtanz mit Mädchen bzw. Frauen vor“. (Weckerle).
Überall gibt es auch ähnliche Tanzfiguren: „Spitz und Griff, Achtertouren, Bildung eines Bogenganges, unter dem die Tänzer durchschreiten, Verflechtung der Schwerter zu einer Rose (Stern oder Maschen), der Degensprung, das Durchschlüpfen des Narren unter den verflochtenen Schwertern und die Ansprache des Sprechers oder Vortänzers an die Zuschauer oder Ehrengäste“ (Weckerle).

[1] Böhme I, 64
[2] vgl. M. Panzer, 135
[3] zit. b. Focke, 69
[4] zit. bei Ernst Weckerle, Der Schwertletanz zu Überlingen = Badische Heimat, 22. Jahrg. Nr. 3 u. 4 1935 (ein vervielfältigtes Exemplar ohne Seitenzahl) abgek. Weckerle.

[5] Wolfram, 81

Der Züricher Schwerttanz

Abbildung 86

Ein Schwerttanz in Zürich

In der Fastnachtszeit des Jahres 1578 beschreibt Johann Jakob Wick einen Züricher Schwerttanz, der am 17. Februar 1578 vom Juncker Caspar Krieg angeführt wurde. Er zählt die 42 tanzenden Personen namentlich auf und beschreibt den Ablauf und die Auftrittsplätze. Auch führt der Chronist an, daß alles glücklich und wohl abging und daß niemand geschädigt wurde. Bereits 1555 hat der Rat der Stadt Zürich die Aufführung eines Schwerttanzes gestattet.
Die Abbildung, die Christoph Murer zugeschrieben wird, ist ein wichtiges und schönes Zeitdokument.
Bild: Zentralbibliothek Zürich (Ms.F27.f.62v:)
Die Textinformationen sind einem Aufsatz von Jean Pierre Bodemer entnommen.
Titel: Ein Schwerttanz in Zürich 1578, Bildreportage in der Sammlung Wickiana, Zürich 1989, S. 62-67 u. 169-170.

Ein Straßburger Schwerttanz

Ein Straßburger Schwerttanz
Kupferstich von J.M. Weiß in „Representation des fetes donnees par la ville du Straßbourg pour la convalescense „est“ 19. Okt. 1744 Lacroix XVIII Siecle 243 Nr. 138. Archiv de la Ville du Straßbourg.

Schwertlestanz zu Überlingen

Die Schwerterrosette wird gebildet

Der Hänsele kriecht unter den Maschen

Abbildung 88

Fotos: Walter Laue, Gertrud Kendel

Schwertlestanz zu Überlingen

Fehrle, Waffentänze = Badische Heimat I,1914,162 f.

„Ursprünglich ein alljährlich geübter Fastnachtsbrauch der ledigen Rebleute (Wolfer), hat der Schwertletanz im Laufe des vergangenen Jahrhunderts eine Höherbewertung erfahren.
Er wurde meist nur noch nach guten Weinjahren (1784 z. B. wegen schlechter Weinernte verboten!), später in etwa l0jährigem Turnus, dann in der Erkenntnis, daß der schöne Brauch mehr als bloß ein Fastnachtsspiel ist, bei besonders wichtigen Ereignissen aufgeführt."
In den Ratsprotokollen wird er erstmals am 8. Febr. 1646 erwähnt *"Auf Anhalten der ledigen Burschen ist ihnen der Schwerttanz von 12 - 5 Uhr bewilligt, jedoch ohne Spielleute und ohne der Mädlin Tanz"* (Weckerle). Daß ihn nur die ledigen Rebleute tanzen, ist also wohl eine spätere Entwicklung.
„Die letzte Aufführung fand im Frühjahr 1951 anläßlich der Wiederaufstellung des renovierten Marienaltars von Jörg Zürn im St. Michaels-Münster statt“.[1] In der folgenden Beschreibung halte ich mich an die beiden angeführten Berichte.
Wie der Tanz nach Überlingen kam, ist bis heute wissenschaftlich nicht geklärt. Der Sage nach verlieh Kaiser Karl V. (1519-56) der Stadt Überlingen das Privileg des Schwerttanzes als Anerkennung für die Verdienste ihres Deputats bei der Reichsarmee. 99 von 100 Mann, die in den Krieg zogen, wurden in der St. Jodokus-Kapelle eingesegnet, nur einer feierte seinen Abschied in Wirtschaften und anderen Häusern mit schlechtem Ruf. Die 99 kehrten gesund zurück, nur der eine blieb im Kampf. Im Schwertlestanz wird er in der Gestalt des Hänsele verkörpert.
„In unserer Zeit durften außer Weingärtnern auch andere, aber nur gediente Leute aufgenommen werden. Unserem Gewährsmann war es außerordentlich wichtig, dabei immer wieder auf Disziplin und Sauberkeit als ganz besondere Voraussetzungen beim Schwerttanz hinzuweisen.....
Erst bei der letzten Zusammenkunft, kurz vor der Aufführung, wird einer der Tänzer von den 4 Platzmeistern zum „Hänsele“ bestimmt und zu einem Trunk eingeladen.
Anschließend weiht der l. Platzmeister ihn mit Weihwasser - alles in festgelegtem, überliefertem Wortlaut - , setzt ihm die Kappe auf und weist ihn mit dem Ruf: „Walte deines Amtes!", aus dem Lokal.
Von diesem Augenblick an, solange er die Kappe trägt, darf er kein Wort sprechen. Er muß während der Aufführung stumm bei den Zuschauern Geld einsammeln. Wenn der Schwerttanz zu seiner Schlußfigur kommt, hat der Hänsele schnell in den Ring der Tänzer hineinzukriechen.
Nach Schluß des Tanzes stürzen sich die Überlinger Mädchen, jedoch nur diejenigen welche Tracht tragen, auf die Schwerttänzer, um mit ihnen die alten Tänze wie Rheinländer, Schottisch oder Polka zu tanzen“ (AG).
Aus der Sage erklärt sich der Beginn des Festtages.
„Am Morgen besuchen sämtliche Schwertletänzer eine heilige Messe; nur der Hänsele darf daran nicht teilnehmen, sondern zieht unterdessen, mit seiner Karbatsche (kurzstielige Peitsche) knallend, durch die Straßen der Stadt" (Weckerle). Am Nachmittag zieht die Fahnenkompagnie nach gemeinsamem Mahl und Trunk im Hause des 1. Platzmeisters durch die Stadt unter dröhnendem Trommelschlag und mit schrillen Schwegelpfeifen.

[1] Der Überlinger Schwertlestanz, Bericht der Arbeitsgemeinschaft der Sing- u. Spielkreise i. Baden Württ. verfaßt 1952 nach Aussagen eines Gewährsmannes, der 20 Jahre lang 1. Platzmeister war. Abgekürzt: AG

Voraus gehen die 4 Spielleute, dann kommt fahnenschwingend der Fähnrich mit der dreieckigen, roten, reblausgestickten Fahne, es folgen 2 Platzmeister, dann die Kompagnie, zum Schluß die beiden anderen Platzmeister, alle in Doppelreihe außer dem Fähnrich. Der ganze Zug trägt die prachtvolle alte schwäbische Festtracht: schwarze Schnallenschuhe, weiße Strümpfe, schwarzsamtene Kniebundhose, rote Weste, langer blauer Tuchrock, Vatermörderkragen, schwarzseidenes Halstuch mit abstehenden Zipfeln, Rosmarin auf der Brust, Dreispitzhut und weiße Handschuhe. Die Platzmeister und der Fähnrich tragen dazu breite Schärpen in den badischen Farben.

Der Hänsele springt voraus und knallt von Zeit zu Zeit mit der Karbatsche. An den vorgesehenen Tanzplätzen, z. B. vor dem Rathaus, wendet sich der erste Platzmeister im Vorspruch an den Bürgermeister, dann mit einigen militärischen Kommandorufen an die Tänzer; zum Schluß heißt es: „Rechts um!" - Die Tänzer stehen in Reihe rechts. Jeder hält seinen Degen am Griff in der rechten und die Degenspitze des Hintermannes in der linken Hand, dann beginnt der Tanz mit hüpfenden Schritten.
Es werden 4 Figuren unterschieden:„Spitz und Griff", eine Achtertour, „Maschen" (alle Degen werden übereinander gekreuzt, bis eine Rosette entsteht), „der Hänsele springt unter den Maschen, der Fähnrich tritt hinzu und schwenkt seine Fahne darüber, der 1. Platzmeister bringt mit geschwungenem Hut ein Hoch auf unsere Vaterstadt Überlingen und den Herrn Bürgermeister aus (oder die zu ehrende Persönlichkeit); dabei dreht sich der ganze Maschen einmal herum" (Weckerle).
Als dritte Figur folgt wieder eine Achtertour, ein Bogengang (unter den hochgehaltenen Degen der hinteren Platzmeister, die der Reihe entgegentanzen, müssen alle durchschlüpfen). Die letzte Figur ist der Degensprung (die 2 hinteren Platzmeister bleiben tanzend am Ort, halten ihren Degen waagrecht in Kniehöhe, jeder Tänzer muß darüberspringen).
Die Fassung der Schwerter wird nie gelöst! Stehen nach dem Degensprung alle in einer Geraden, so kommandiert der 1. Platzmeister: „Halt! Front! Rührt euch!" Die Scheiden werden gebracht, die Degen kommen an ihren Ort, „dann beginnen die Spielleute mit einem anderen Takt, worauf die Tänzer mit den stehenden Zuschauerinnen einige alte Rundtänze tanzen" (Weckerle).

Zum „Hänsele" ist noch einiges zu sagen. Wie oben schon angeführt, tritt beim Schwerttanz fast immer ein Hanswurst oder Spaßmacher auf. Hans v. d. Au sagt über ihn in den Vorbemerkungen zu „Deutscher Schwerttanz": [1]

„Er ist der einzige „Solist" im Tanz. Sein tänzerisches Spiel ist nach der alten Überlieferung in einem Doppelten begründet: Einmal soll er rein äußerlich „die Zuschauer durch parodierende Nachahmung der eigentlichen Tänzer" belustigen, indem er Scherz und Unfug treibt, wenn er zwischen den Tänzern hin und her oder um sie herumläuft ..
Seine Obliegenheiten erschöpfen sich jedoch nicht damit, seine Rolle leitet sich vielmehr aus dem eigentlichen Sinn und Hintergrund des Tanzes ab. In ihm steckt etwas von dem Geiste, der stets verneint. Er ist eine Gegenspielergestalt ..., ein Sinnbild, das sich wahrlich nicht allein im harmlos - fröhlichen Gegenspiel nach Narrenart erschöpft. Er ist das Sinnbild des Schattens gegen das Licht, das Sinnbild des Unsinns gegen den Sinn, das Sinnbild der Unordnung wider die Ordnung, in ihm zeigt sich der Hohn wider den Ernst, bewußte und absichtliche Verflachung gegenüber ringender Gestaltung und Verinnerlichung.
Als Störenfried, Solist und Individualist ist er der Gegenpol geschlossener Gemeinschaft, die ihn aber endlich doch ihrem Willen zum Ganzen ein- und unterordnet, so daß der anfängliche Gegenspieler zum Mitspieler wird".
Das geschieht in dem Augenblick, wo er unter die gekreuzten Schwerter schlüpft. Aus Hermannstadt in Siebenbürgen ist eine Form überliefert, wo der Narr sich unter der Schwerterrose bückt und sie mit dem Rücken stützt. Einer der Tänzer springt darauf und hält eine Ansprache. Hier ist also die aktive Einordnung: Der Tanz erreicht dadurch seinen Höhepunkt. Ob dies aber nicht die spätere Auffassung eines älteren Brauches ist?

Nach Richard Wolfram wird fast in jedem Ketten - Schwerttanz einer der Teilnehmer scheinbar getötet und wieder zum Leben erweckt.

---

[1] Deutscher Schwerttanz aus Hermannstadt, Kassel 1935, 3

Abbildung 89

Die Überlinger Schwertlestanzkompanie

Fotos: Studio Lauterwasser, Überlingen

Abbildung 90

Das Hänsele mit Karbatsche

„Auch wenn meist die Tänzer heute von der einstigen Bedeutung des Tötens und Wiedererweckens nichts mehr wissen, so zeigen uns völkerkundliche Vergleiche den Sinn und damit den alten Ursprung des Tanzes.
Fast auf der ganzen Welt finden wir solche Scheintötungen an einem der wichtigsten und feierlichsten Augenblicke im Leben des Mannes, der Jünglingsweihe. Die Aufnahme in die vollberechtigte Gemeinschaft geschah einst mit solchen symbolischen Handlungen.
Der Grundgedanke ist dabei: Der bisherige Mensch stirbt, als ein gänzlich neuer steht er wieder von den Toten auf. Wie dies angedeutet wird, ist sehr verschieden. In Europa geschieht es jedenfalls durch die sehr stilisierte Form des Ketten - Schwerttanzes“. [1]

Das Töten erfolgt beim Überlinger Schwerttanz wohl in dem Augenblick, da der Hänsele unter die Maschen springt und der Fähnrich seine Fahne darüber schwenkt. „Das Durchgehen durch künstliche Tore und enge Öffnungen gilt vielfach als Wiedergeburtsritus“. [2]

Im Hermannstädter Beispiel heißt der Degensprung „Fußabschneiden". Nach dem Maschen folgt als zweitletzte Figur das „Kopf- und Fußabschneiden", der Sprung durch ein Schwertfenster, das aus einem hoch und einem tiefgehaltenen Schwert gebildet wird; eine Art **Töten** und **Wiedergeburt** zugleich, wenn wir dabei an die enge Öffnung denken.
Die symbolische Darstellung dieses Geschehens liegt bei allen Tänzern, im wahrsten Sinne also ein Gemeinschaftstanz.

Wir können die Gestalt des „Hänsele" aber auch in andere Zusammenhänge stellen. Ursprünglich waren die Schwerttänze an Fastnacht üblich, der Zeit der großen Erneuerung des noch unsichtbaren Wachstums in der Natur. Der Hänsele ist gekleidet wie ein Fastnachtsnarr, vor dem Gesicht trägt er eine Maske, das Kleid besteht aus Stofflappen und Fransen.
Beim Schwerttanz in Hochwiesen/Karpaten tritt der „Lazz" auf, im Grund genommen dieselbe Gestalt wie der Schwitzemann, auch Hannemann oder kurz Hans genannt. Hans Orem heißt im Nassauischen das Laubmännchen zu Pfingsten.
Der Name „Hänsele“ weist also auf eine Brauchtumsfigur hin. Verglichen mit dem Hochwiesener Schwerttanz hätten die Mädchen beim Mädlintanz ursprünglich nur mit dem Hänsele getanzt, später dann mit allen Tänzern, weil der ursprüngliche Sinn verlorengegangen war. So betrachtet, bekäme die örtliche Entstehungssage, was das Auftreten des Hänsele anbelangt, den Charakter einer kirchlichen Abschrecksage, deren man sich im Mittelalter häufig bediente.
Augustins Anschauung: „Der Tanz ist ein Kreis, dessen Mittelpunkt der Teufel ist“. [3]
„Die aus der Ablehnung der Kirche gegenüber heidnischen Kultgebräuchen und insbesondere Kulttänzen verständliche Haltung drückt sich schon in frühchristlichen und während des ganzen Mittelalters oft wiederholten Verurteilungen des Tanzes seitens der Kirchenväter aus.
Gerade hier müssen wir auch eine der Wurzeln des Motivs vom Mittanzen des Teufels suchen“. [4]

Tanz ist Teufelskult. Der Teufel ist entweder unsichtbar dabei (vgl. Entsühnen des Tanzbodens bei Hochzeiten in Kärnten) oder er tanzt in Gestalt eines Überzähligen, z. B. eines „Dreizehnten“ mit.

In früheren Zeiten rechnete man noch mit dem Begriff der Zahlenheiligkeit, „der sich in der religiösen Überlieferung auch des Christentums (Dreifaltigkeit, 7 Sakramente, 12 Apostel) auf vorchristliche, sakral gebrauchte Rundzahlen stützt und sich ... in rituellen Wiederholungen (3maliges Umkreisen, 3 Ehrtänze bei der Hochzeit, 7 bzw. 9 Sprünge) und noch vielfältig ausspricht (in Redeweisen: „In den Zwölfen“ oder dutzendfach“). [5]

Beim Schwerttanz sind es häufig 12 Tänzer + 1 Narr. Dieser 13. ist eigentlich der Teufel, der Widerspenstige und Ruhelose (vgl. die Deutung Hans v.d. Au ' s). In Überlingen hat einer vor dem Auszug in den Krieg nicht am Gottesdienst teilgenommen. Zur Strafe, gleichsam als Opfer des Teufels, kehrt er nicht vom Felde zurück.
Diese Sage würde also den einst kultischen Hintergrund des Hänsele umdeuten, sein Auftreten aufs Neue rechtfertigen: so geht er wiederum ins Brauchtum ein, allerdings mit anderem Sinngehalt.

Ob der Hänsele und überhaupt die Narren bei Schwerttänzen ursprünglich als Fruchtbarkeitsgestalten auftraten oder ob der Lazzo hierin eine vielleicht aus anderem Brauchtum übernommene Sonderstellung innehat, ist mir nicht bekannt.

[1] Wolfram, 82
[2] ebda (Bogengang)

[3] zit.b. Böhme I, 93
[4] Kretzenbacher, 845
[5] Kretzenbacher, 864

Abb. 1: Durch das Tor

Abb.2: Der Narr wird symbolisch getötet und wieder aufgeweckt.

Abb. 3: Über die "Klinge" springen

Abb.4: Die geflochtenen Schwerter

Richard Wolfram

Foto: Salzburger Landesinstitut für Volkskunde

am 16. September 1901 in Wien geboren, gestorben 1993 war ein unglaublich vielfältig begabter Mann. Nach dem Studium der Germanistik und Skandinavistik, verbunden mit starken kunsthistorischen Interessen, unterrichtete er 20 Jahre lang an der Wiener Universität die schwedische Sprache als Lektor. Seine Habilitation macht er in "Volkskunde der germanischen Völker" und "Neuskandinavistik". Als Professor und Ordinarius begründete er das Institut für Völkerkunde in Wien. Bei 30 Aufenthalten durchwanderte und erforschte Wolfram die skandinavischen Länder. Lange Jahre war er Österreichkorrespondent der auflagenstärksten schwedischen Zeitung. Auf vielen Reisen quer durch Europa sammelte er was volkskundlich bedeutsam war. Sein besonderes Interesse galt dabei den europäischen Kettenschwerttänzen und Männerbünden. Unter der Leitung Wolframs entstand in 28 Jahren der fantastische Volkskundeatlas Österreichs. Nicht verschwiegen werden soll seine Nähe zum "Völkisch - Germanischen", das in der Zeit des Nationalsozialismus eine große Rolle spielte. Für die deutsche Tanzbewegung war Richard Wolfram sehr wichtig.
Ihm verdanken "wir" neben vielen Veröffentlichungen, Erkenntnissen und Büchern "unseren" Schwerttanz, den er nach verschiedenen ausgestorbenen Schwerttänzen zusammengestellt hat.

Abb. 5

Abb. 6
Der Schwerttanz bei internationalen Festivals in USA und Japan. Die Abbildungen 1-6 zeigen die Volkstanzgruppe Frommern. Fotos: M. Stingel

Erstmalig stellte der Südwestdeutsche Spielkreis den von Prof. Wolfram aus verschiedenen ausgestorbenen Schwerttänzen zusammengestellten Schwerttanz 1957 in Münster vor. Foto: G. Kendel

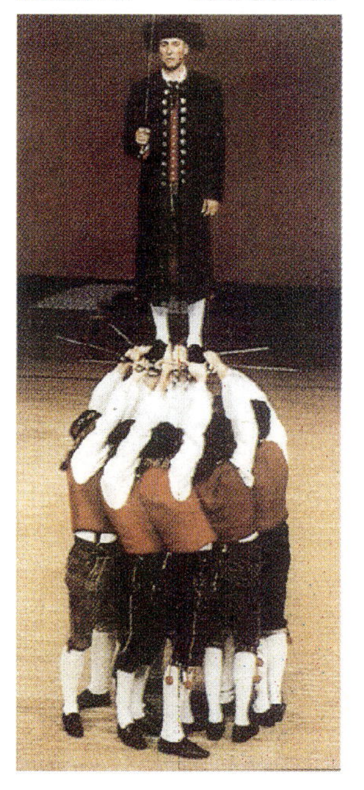

Die Volkstanzgruppe Neckartailfingen mit ihrem Schwerttanz. Fotos: Rieker

Die Kulturwissenschaftler sind sich nicht darüber einig, ob der Überlinger Schwerttanz tatsächlich auf ein Privileg des Kaisers zurückgeht (ungefähr ein Jahrhundert vor dem erstmaligen Erwähnen in den Ratsprotokollen; ein bewilligtes Privileg wäre auch nur die rechtmäßige Bestätigung eines Brauches, der schon vorher in Übung ist), oder ob er von fremden Soldaten (Bayern, Schweden) während des 30jährigen Krieges eingeführt wurde.
Jedenfalls ist die Überlinger Form des Ketten - Schwerttanzes - die feierlichste Form des Männertanzes - etwas Eigengewachsenes. Die Ähnlichkeiten und Gemeinsamkeiten mit den anderen Kettenschwerttänzen läßt auf eine gemeinsame Wurzel schließen.

Stocktänze, bei denen statt der Schwerter Stöcke benutzt werden, sind ebenfalls weit verbreitet.

In Münster hat 1957 Prof. Richard Wolfram einen aus verschiedenen ausgestorbenen Schwerttänzen zusammengestellten Schwerttanz für unsere Volkstanzbewegung aus der Taufe gehoben. Der Südwestdeutsche Spielkreis hat ihn dort zum ersten Mal getanzt. Der Höhepunkt dabei ist zweifelos, wenn der Schwerterkönig auf die tiefgehaltene „Rose“ steigt, langsam in die Höhe gehoben wird und dann seine Ansprache hält.

Wie die Schwerter sich gefunden,
wie wir sie nun fest verbunden,
also möge uns gelingen,
was uns trennet zu bezwingen.
Kraft kann trennen, Kraft kann binden,
möge sich Bruder zu Bruder finden,
möge was trennet zur Brücke werden,
auf daß den Menschen hier auf Erden,
eine gute Heimat sei gegeben.

So grüße ich den Schöpfer, den Tod und das Leben.
Text: Alberta Rommel [1]

Auch die Tötung und Auferstehung des Narren wird dabei sinnfällig dargestellt. Das Ganze ist ein feierliches Tun, das weitere Hintergründe ahnen läßt, „der leidenschaftliche Ausdruck einer Verwandschaft mit dem Unsichtbaren“ (Rolf Gardiner).

[1] Hartmut Wager

Reiftänze

Nahe verwandt mit dem Schwerttanz ist der Reiftanz, z. B. der Schefflertanz der Küfer in München. „Bei ihnen treten verschiedene Kunststücke hinzu wie das Schwingen eines Ganzreifens, in dem ein volles Glas Wein steht, nach dem Takt der Musik. So geschickt muß die Fliehkraft ausgenützt werden, daß das Glas nicht herunterfällt; und auch vom Weine nichts verschüttet wird. Der späteste Abkömmling des Reiftanzes ist die Form, in der auch Mädchen mittanzen“. [2] Über die Fastnachtslustbarkeiten in Eßlingen heißt es: „Einzelne Gewerbe hatten dabei noch ihre besonderen Feierlichkeiten: Die Fischer hielten ein Fischerstechen (siehe Ulm) und einen Umzug mit Musik durch die Stadt; die Metzger in weißen Hemden, mit Reifen und Lichtern, feierten unter Trommel- und Pfeifenklang ihren nächtlichen Reiftanz“. [3]

Das Fischerstechen in Ulm

Es wurde alle 2 Jahre 14 Tage nach der Kirchweih abgehalten, „an einem Sonntag das Regentenfest, am Montag Schwörtag und am Dienstag Fischerstechen".[4] Schon morgens ziehen die jungen Fischer durch die Stadt, um Gaben zu sammeln. Viele von ihnen sind verkleidet, meist als Narren. „Voran gehen ein paar Tambours, dann 5-6 Musikanten, sodann folgen die Kirchweihjungfern, aufs festlichste gekleidet ..., dann die Mohren und Narren und endlich die Weißfischer mit ihren Speeren ... Wenn man an der Donau ist, so werden die Stecher und Kämpfer verteilt, nachdem vorher noch einmal getanzt worden“. [5] Der „Kampf" wird sodann auf Schiffen ausgetragen. Mit Speeren, an deren vorderem Ende ein Scheibchen oder Tellerchen angebracht ist, versucht man, den Gegner ins Wasser zu stoßen. „Wenn nun dieses alles vorbei ist, so geht der Zug wieder in die Stadt, doch wird vorher noch getanzt, wobei sich die jungen Fischermädchen gar nichts daraus machen, wenn ihre rüstigen Kämpfer ganz von Wasser triefen ... Es wird noch an einigen Plätzen getanzt, vor einigen Wirtshäusern getrunken, und erst jetzt legen die Helden des Tages trockene Kleider an ... Des andern Tages ziehen sie in der Stadt herum, besuchen bald dies, bald jenes Wirtshaus, trinken und tanzen ... Und so währt es bis zum Ende der Woche ... fort“. [6] Das Fest wurde zum letztenmal am 20. Sept. 1855 zu Ehren einer Versammlung der deutschen Altertumsforscher veranstaltet.

[2] Wolfram, 83
[3] Birlinger II, 54
[4] Birlinger II, 245
[5] Birlinger II, 247
[6] Birlinger II, 252

Ulmer Schwerttanz

Aus Ulm ist ebenfalls ein Schwerttanz bekannt. In Fischers „Schwäbischem Wörterbuch“ steht auf Seite 1284:
„Uff den unsynnigen Guttemtag (9. Febr. 1551) hielten die Handwercksgesellen einen Schwerttanz uff offnem Markt, vor der Burgerzech, von ains nach Mittag ... bis um dry....Hatten alle weysse Hemder an und bschoren Kepf, daruf yeder ain hypschen Krantz........Zuletzt stund ain Narr in die Mitte biss sy mit den Schwertern alle yber ain Hauffen kamen, da stond der Fechtmayster L. K. uff die Schwerter hinauff und schlug das Barris“. Leider haben wir keine Abbildungen.

Ulmer Bindertanz

Abbildung 92 (rechts)

Binder mit seinem Mädchen den Bindertanz aufführend

Die Ulmer Hafnerfamilie Rommel hat wunderschöne Tonfiguren geschaffen. Septimus Rommel hat einen Bindergesellen mit Frau dargestellt.
Aus: Elsbeth Zumsteg-Briegel:
„Die Tonfiguren der Hafnerfamilie Rommel“
Süddeutsche Verlagsgesellschaft 1988 Ulm.
Foto: Heinz Lippott Ulm - Ulmer Museum

Abbildung 93 (unten)

Der Bindertanz in Ulm 1996

Vor dem Schwörhaus.
Foto: Stadtarchiv Ulm Inv. Nr. 98-35-96

Schäfflertanz aus Nonnenhorn

Abbildung 94

Schäffler - Gesellschaft Nonnenhorn

Der Nonnenhorner Schäfflertanz (Schäffler = Kübler - Faßmacher - Faßbinder) kam durch wandernde Handwerksgesellen von München, wo er seit 1517 getanzt wird, im Jahr 1846 nach Nonnenhorn. Der Tanz wird seither alle 7 Jahre aufgeführt. Getanzt wird: Schlingtour, Kreuztour, kleine Krone mit 4 gesteckten Bögen, Schnecke, Kettentour, kleine Krone mit 7 gesteckten Bögen, Gartenlaube, Pavillion und große Krone. Narren, Fassreifenklopfer und Reifenschwinger gehören mit dazu.. Die musikalische Begleitung erfolgt durch Musiker aus dem Nachbarort Wasserburg am Bodensee.
Foto: Schäfflergesellschaft Nonnenhorn.

Abbildung 95

Nürnberger Reiftanz

2 Hälfte des 16. Jahrhunderts
Germanisches Nationalmuseum Nürnberg Inv. Nr. HB 1720

Reiftänze

Die Herstellung von Holzfässern war und ist schwierig. Es gab ja ursprünglich keine Metallreifen bzw. sie waren zu teuer. Deshalb wurden die Holzdauben mit Haselnuß oder Schwarzdornruten (o.ä.) zusammengehalten. Innen im Faß wurde ein Feuer gemacht und mit den „Bindern" wurde so in einem langwierigen Prozeß das Fass hergestellt. Die Technik ist heute noch so ziemlich dieselbe. Nur werden anstatt der Holzbinder Eisenreifen verwendet. Damit die Haselnuß bzw. Schwarzdornbinder gehalten haben, wurden sie mit einem raffinierten Einkerbschnitt versehen und übereinandergelegt. Die Technik kennen manche alten Winzer noch. An ganz alten Fässern kann man heute noch „Holzbinder" finden. Das ist der Hintergrund des Reif- oder Bindertanzes. Die Männer die Fässer bzw. die Holzbinder anfertigten, hießen früher auch Schäffler. Deshalb heißt deren Tanz auch Schäfflertanz. In München, Ulm, Nürnberg, Nonnenhorn usw., überall gab es Reiftänze.

Abbildung 96 (rechts)

Nürnberger Reiftanz

Germanisches Nationalmuseum Nürnberg
Inv. Nr. HB2350

Kettentanz der Nürnberger Metzger zur Fastnacht um 1561 Abbildung 97

Germanisches Nationalmuseum Nürnberg Inv. Nr. HB3361

Der Siederstanz zu Schwäbisch Hall

Es handelt sich hier um ein Fest der Salzsiederzunft. Die Saline reicht zurück bis in die Keltenzeit, doch wurde die erste Salzquelle verschüttet und erst später wieder an anderer Stelle entdeckt.
Die Stadt trägt davon Namen und Ansehen. Die ersten Bewohner waren Salzsieder. Sie schlossen sich zu einer Zunft zusammen. Eine Zunftordnung war nötig. Wie die anderen Zünfte, so tagte auch der große Siedershof jährlich einmal. Heute geschieht dies an den Pfingsttagen. Nach der Ordnung von 1785 war es an Peter und Paul, die älteren Nachrichten sprechen auch von Johanni. „Auf alle Fälle ist der Kreis nicht zu eng zu ziehen, die ganze Zeit zwischen Fastnacht und Ernteschluß muß in ihm Platz haben. Diese These wird jedem einleuchten, der weiß, wie beweglich Bräuche sein können, wie sie die Neigung haben, zu gleiten, sich nach und nach zu verschmelzen. Immerhin spricht einiges dafür, die Pfingsttage auszuzeichnen als deutliche Höhepunkte, als ein Sammelbecken der bunten Frühlings- und Maibräuche". [1]
Hier wird deutlich „die Verwandtschaft des Volksbrauchs mit der frommen Übung, wenn nicht gar seine - zwar verdunkelte - Herkunft aus dem Lebenskreis kultischen oder doch kultartigen Tuns; auch durch die späteren geteilten Zeiten schimmert die ursprüngliche Einheit eines Sitten und Brauch, Recht und Religion gleichermaßen umgreifenden Lebens hindurch". [2]
Ausführung und Gestaltung des Festes sind Aufgabe der ledigen Siederssöhne (Keuschheit und Enthaltsamkeit gelten als unerläßlich, wenn ein nicht alltägliches Werk gelingen soll. Besonders zu kultischen und magischen Handlungen braucht man reine Hände).
Dabei liegt nahe, „im Zusammenschluß der Siederssöhne eine Form der Gemeinschaft zu sehen, die - bündisch verfaßt - ihr Vor- und Urbild in der Knabenschaft (Burschenschaft) hat, einer Vereinigung mit ursprünglich sakralem Charakter". [3]
Die wichtigsten Bestandteile des Siederfestes sind das Kuchenfest und der Brunnenzug.

Zum Kuchenfest:

Nach der Sage brannte einst die Mühle. Ein Hahn flog krähend oben zum Bodenfenster hinaus, Leute bemerkten die züngelnden Flammen und konnten noch rechtzeitig löschen. Zum Dank verpflichtete sich der Müller, jährlich einen 90 Pfund schweren Kuchen zu stiften. Der Hahn taucht beim Fest immer wieder auf. Die Burschen tragen Hahnenfedern am Hut, das Trinkgeschirr, welches beim Brunnenzug mitgetragen wird, hat die Form eines Hahnes. Der Riesenkuchen, früher gemeinsam verzehrt, wird heute ersetzt durch kleine Brötchen. Beim Brunnenzug wird jedoch ein Kuchen mitgetragen: aneinandergebackene Schneckennudeln in einer runden Kuchenform, mit Blumen und Bändern geschmückt und an einer Stange befestigt.
Emil Kos [4] hat das Riesengebäck des Siederskuchens hineingestellt in Sitte und Brauch des Gildewesens im mittelalterlichen Deutschland: „Nach altem Glauben und Brauch verschmolzen sie (die Gildegenossen) durch den gemeinsamen Verzehr eines Gebäckes zu einer einheitlichen Körper- und Bruderschaft".
Diese Art gemeinsamen Mahles finden wir auch anderwärts, z.B. bei Hochzeiten. Wolfram [5] berichtet aus Hochwiesen (Kremnitzer Sprachinsel):
„Dort bestanden die Gaben der Nachbarschaft in großen Gebildbroten mit allen heiligen und sinnbildlichen Zeichen darauf. Unter Gebet brach der Hausvater diese sichtlich bedeutsamen Brote in so viele Stücke, als Anwesende waren, und jeder von uns mußte seinen Teil „kommunaliter" verzehren. Es war wie das Schließen einer großen Gemeinschaft und das Teilhaftigwerden an einem wichtigen Gut".
Bei vielen Völkern wird der Hochzeitskuchen bzw. das Hochzeitsgebäck feierlich zerschnitten und gemeinsam verzehrt.
Bei den Pfingstumzügen sammelten die Burschen Zutaten für ein gemeinsames Mahl oder einen Eierkuchen hinterher. Das Heilige Abendmahl hat u.a. auch diesen Sinn: Durch das gemeinsame Verzehren des Brotes am Altar wird die Gemeinde zur Gemeinschaft, zur einheitlichen Körper- und Bruderschaft.
Große Ähnlichkeit mit dem Haller Kuchenfest zeigt der Sindelfinger Kuchenritt: Am Pfingstdienstag wurden früher von berittenen Sindelfinger Burschen vormittags 3 Kuchen aus 3 benachbarten Mühlen abgeholt, an Stangen befestigt, mit Bändern geschmückt. Mit Musik an der Spitze und von Reitern begleitet zogen dann die Kuchenritter in Sindelfingen ein und ritten drei mal um den großen Brunnen am Kloster, der mit dem steinernen Standbild Herzog Ulrichs geziert ist (er stiftete das Fest als Dank für eine Rettung durch Sindelfinger Burschen). Hierauf verfügten sie sich zu einem Gastmahl und Tänzen, wozu ursprünglich das Rathaus eingeräumt wurde, an dessen Stelle später ein Wirtshaus trat. [6]

---

[1] Dieter Narr, Volkskundliches zum Brunnenzug und Kuchenfest der Haller Sieder = Schwäb. Heimat, Heft 3 u. 4, 133, Stuttgart, 1956
[2] ebda 132
[3] ebda 134
[4] zit. b. Narr, 137
[5] Wolfram, 109
[6] Meier, 421 (aus einer Oberamtsbeschreitung v. Böblingen v. 1850)

Abbildung 98

Der Haller Siederstanz auf dem Grasbödele

Zeichnung: Gustav Schlipf. Aus „Schwäbische Heimat“ 1952 Heft 4

Zum Brunnenzug:

Eines steht fest: Quellen oder Brunnen finden wir auch in vielen Sagen, Märchen und Liedern. Immer handelt es sich um einen Ort des Segens und Wunders, einen Ort voller Geheimnisse und Rätsel. „Sitz und Wohnung außermenschlicher Wesen, verbunden durch geheime Gänge mit Flüssen und Seen, Ausgang zur Oberwelt für die Wassergeister, sendet der Brunnen aus seiner Tiefe die Boten einer anderen Welt hervor“.[1] Umgekehrt ist der Brunnen auch der Eingang ins Jenseits, z. B. im Märchen von Goldmarie und Pechmarie; Frau Holle ist die Hüterin der Seelen im Kindlesbrunnen.Der Brunnen mit dem lebensspendenden Wasser steht im Mittelpunkt der Städte und Dörfer.

In Schwäb. Hall nun bildet der Hallbrunnen mit seinem Salz die Grundlage für Glück und Wohlstand (Heller) Ob der Brunnenzug schon in der keltischen Zeit stattgefunden hat, weiß man nicht. Aus dem späten Mittelalter hören wir von einer „feierlichen Prozession im Jahre 1495 mit Lesung der 4 Evangelien des Fronleichnamtages an den 4 Ecken des Brunnens mit Lobgesang und krönendem Amt zu Ehren des Schutzpatrons St.Michael“. [2] Heute stellt sich am Pfingstmontag der Zug beim Hallbrunnen auf; voraus Trommler und Pfeifer, der Fähnrich mit der grünweißen Flagge, der Kuchenträger, dann paarweise die Siederssöhne und -töchter, alle in der Festtracht. (Mädchen: roter Rock, schwarzes Samtmieder mit langen, am Ellenbogen geschlitzten Armeln, weiße Bluse, Schürze und Strümpfe, schwarze Schuhe und ein Häubchen. Burschen: Die Tänzer schwarze Kniebundhose, rotes Wams mit großem weißem Kragen, große runde schwarze Hüte mit Hahnenfedern, grüne Strümpfe und schwarze Schnallenschuhe. Die Bewaffneten tragen statt des Hutes nur ein Barett, weite geschlitzte Hosen bis zum Knie und weißrote Strümpfe). Ihre Kleidung erinnert an jene der alten Landsknechte. Die Hellebarden sind das Zeichen der Wehrhaftigkeit, ihres Entschlusses sowohl als ihrer Verpflichtung, Blut und Leben zu lassen. Sie umschreiten den Brunnen mitsonnen. Danach tritt der erste Hofbursch mit seiner Tänzerin auf den Brunnenrand, verliest einen Dankspruch an den Schöpfer und Spender von Salz und Wasser, sie treten zurück, der Zug geht nochmals um den Brunnen herum, darauf bewegt er sich zum Gerberbrunnen. Nach abermaligem Umkreisen werden die Burschen aufgerufen, sich treu und mannhaft zu halten, die Stadt zu schützen und auf ihr Wohl bedacht zu sein (früher die Aufgabe der Burschenschaft); die Mädchen dagegen sollen danach streben, gute Hüterinnen des Hauses und Herdes zu werden. Burschen und Mädchen bekräftigen die Sprüche je mit einer Antwort. (Jeder Bursch bekommt aus dem Krug in Hahnenform Wein zu trinken; dies hat jedoch, wie mir ein früherer Mittänzer erklärte, keine rituelle Bedeutung.) Danach geht’s zur wichtigsten Handlung an den Marktbrunnen. Alle 3 Brunnen sind festlich bekränzt mit Blumen und frischem Grün. Der erste Hofbursch stellt Fragen nach Ursprung des Siederhofs und nach dem Sinn des Festes, die ihm von den Neulingen beantwortet werden. Danach folgt die Taufe der jüngsten Siederssöhne und -töchter, die von da ab dem Siedershof angehören. Sie müssen vortreten, der 1. Hofbursch schlägt mit dem Degen ins Wasser und bespritzt die Täuflinge. In der Festordnung von 1785 heißt es: „bey dem Bronnen daselbst (in der Geltinger Gasse) müssen diejenigen, welche das erstemal beym Bronnenzug seyen, um den Bronnen tanzen, um sich dadurch der Compagnie zu weihen“. [3]

Beides, das Umtanzen und dic Taufe (ursprünglich Bronnenwerfen, 1785 als „ärgerlicher Unfug" angeprangert; vgl. christliche Taufe als Zeichen der „Wiedergeburt") sind Handlungen, die zu den Aufnahmeriten gehören beim Übergang von der Kindheit zur Mannbarkeit, vom häuslichen ins öffentliche Leben. „Allem Anschein nach waren sehr alte Bestandteile eines Quellen- und Brunnenfestes in Brauch und Sitte und die Aufnahme der jungen Gesellen in die Bruderschaft eingesprengt, längst verschüttete Wirklichkeiten zu einer Zeit, die im helleren Licht der Geschichte liegt“. [4] Oder anders gesehen: „Ist das Wasserbad, die Wassertauche, der Wasserguß alt bekannt aus dem Fastnachtskreis, aber auch an Pfingsten üblich, sollte sich nicht doch unter den drastischen Formen des tollen Spaßes, der Volksbelustigung, einmal ein tieferer Sinn verborgen haben? Sollte ihre Zuordnung zu bestimmten, dem „Fruchtbarkeitszauber“ dienenden Handlungen völlig abwegig sein?“

---

[1]Meier, 421
[2]Narr, 135
[3]zit. b. Narr, 135
[4]Narr, 135

Abbildung 99

Das Siedersfest in Schwäbisch Hall

Ein der bekanntesten Abbildungen ist diese Zeichnung von Louis Braun aus dem Jahr 1862 Bild: Stadtarchiv Schwäbisch Hall

Abbildung 100

Der Siederstanz

Auf den Grasbödele zu Pfingsten 1937 ist dieses Bild aufgenommen worden.
Entnommen aus Dieter Kalinke „Die Haller Sieder" 1993. Foto: Privat

Die Butzen zu Fastnacht und Pfingsten werden in manchen Orten ersäuft statt verbrannt oder vergraben. Bei Rochholz [1] fand ich unter „Maibräuche" auch das Werfen ins Wasser, ein typisches Beispiel für das Verschmelzen von kirchlicher Lehre und altem Glauben: „Das Mandat des Bayernherzogs Maximilian vom Jahre 1611 erklärt es als eine alte, böse Superstition, daß man der Heiligen Bildnußen an ihrem Festtag auf der gassen mit trumbel und pfeiffen herumtrage, als St. Urban durch die Schäffler, St. Coy durch die Schmidt, und sie ins Wasser werfe mit dem Wahn und Glauben, es müßte nothwendig schönes Wetter darauf erfolgen".
Nach der Taufe sind nun auch die Neulinge befähigt, am Siederstanz teilzunehmen. Die ganze Festgemeinde zieht hinunter zum „Grasbödele", einer Insel im Kocher. Das Tanzen auf dem „Unterwöhrd" war den Siedersgesellen erstmals am 21. 5. 1604 gestattet worden. Musikanten, Fähnrich und Kuchenträger stehen in der Mitte auf einer Gölte, die Tänzerpaare umschreiten zunächst diesen Mittelpunkt, bezeichnen so den Kreis, in welchen getanzt werden muß. Außen herum, gleichsam als Wache, stellen sich die „Landsknechte" mit ihren Hellebarden auf. Vor Beginn des Tanzes muß jeder Bursch einen Trinkspruch zum besten geben, danach folgen 2 Tänze nach den alten Melodien, ziemlich ruhig in der Bewegung:

Marsch und Tanz der Salzsieder (Müller-Horak 1934)

Paarweise offene Fassung.

T 1- 2	3 Gehsch. und 1 Nachstellschr.(äuß.F) in TR vorw.
T 3	Tr und Tin bleiben am Ort, wenden sich zueinander, Zweihandfassung 1 Wech. li und 1 Wech. r
T 4 =	3, jedoch 4 Wechselh.
T 5 - 8	offene Fassg. mit anderer Hand, zurücktanzen in entsprechender Weise wie 1-4, gehen i.TR
T 1 - 8	Wiederholung
T 9-10	gew.Fassg, 2 Mazurkaschr. in TR vorw.(äuß.F)
T 11-12	6 Laufschr vorw. in TR
T 13-14 =	T 9-10
T 15-16.	Tr schwingt Tin-Tr tanzt auf der Stelle, gegensonnen herumdrehend mit Laufschr. n. vorn herum
T 17-24	Walzer r in TR vorw.
T 9-16	Wiederholung
T 17-24	mit Wiederholung

Anstatt des Wechselhupfs wird verschiedentlich auch Handklatschen ausgeführt (Tanzbeschreibungen von Oetke). Die Weise zu „Mei Mutter kocht..." ist eine wunderbar symmetrische Melodie.

[1] Alemannisches Kinderlied- und spiel aus d. Schweiz, 509, Leipzig 1852

Ein Tanzlied aus Schwaben und der Schweiz (Böhme II, 313 a) hat am Anfang dieselbe Melodie, ein Zeichen für die Verbreitung und die Volkstümlichkeit der Weise:

Ist diese Überlieferung wirklich noch echt und sinnerfüllt? Der Siedershof existiert noch. Salz wird zwar nicht mehr gewonnen, doch erhalten die Familien, die für das betreffende Jahr eine Siedepfanne besitzen (der Ausdruck wurde beibehalten), vom Staat eine gewisse Summe, die sie unter dem ganzen „Stamm“ verteilen müssen.
Die Aufgabe der Burschenschaft besteht heute lediglich darin, das Fest zu gestalten. Dies ist auch die einzige Gelegenheit wo man zusammenkommt. Ich ließ mir erzählen, daß die meisten „Sieder" kaum mehr um den wahren Sinn des Festes wissen. Als schöne, hergebrachte Sitte wird es jedes Jahr gefeiert, aber mehr um der Fremden willen, eben als Vorführung.
Etwas erschüttert war ich bei der Handlung am 2. Brunnen. Haltung und Gesichtsausdruck einiger der jungen Leute ließen nicht gerade auf große innere Beteiligung schließen. Der Tanz im Kuchenhaus am Sonntagabend ist eben ein gewöhnlicher „Schwof", wobei die Trachten allerdings recht seltsam wirken.
Es erhebt sich die Frage: Soll man das Alte, Übernommene weiterpflegen, weitertragen auf die Gefahr hin, daß der ursprüngliche Sinn vollends verlorengeht?
Könnte eine Aufklärung Abhilfe schaffen? Ich weiß von Leuten, die mit der heutigen Auffassung des Siederhofs nicht einverstanden sind und daher beim Fest nicht mehr mitmachen. Vielleicht ist es doch noch nicht zu spät!

Der Schäferlauf

Dieses Fest gibt es an verschiedenen Orten; das bekannteste ist der Schäferlauf in Markgröningen. Auf dem Programm vom Sommer 1956 steht gleich unter der Überschrift „Ältestes schwäbisches Volksfest - urkundlich bereits 1443 erwähnt“
Das Schäferfest taucht schon 1310 auf, aber noch ohne Schäferlauf.
Der Ursprung geht auf eine Sage zurück: Ein treuer Hirt wird bei seinem Herrn verleumdet. Der Graf jedoch überzeugt sich persönlich von der Treue und Ehrlichkeit seines Hirten. Als Dank soll er festgelegt haben, daß von nun an des Hirten Name Bartholomäus bis in späte Zeiten geehrt werde. Und als der Bartholomäustag erschien, wurde das Fest gehalten. Bartholomäus ist der Schutzpatron der Schäfer und Metzger. Sein Tag fällt gerade in die Zeit, wo die Wolle der Schafe verkauft wird und die Bauern abgeerntet haben; also Grund genug zum Feiern.
Aus einer Ordnung von 1651 (Horak): Morgens ist Schäfergericht, danach werden Gesellen- und Meisterprüfungen abgenommen. Um 11 Uhr Festzug: Schäfermädchen tragen die Zunftlade und geleiten den „Barthel“.
Ein Oberschäfer trägt die Zunftfahne, zwei andere folgen mit den beiden Siegerkronen, dahinter wieder andere mit den übrigen Preisen. Dann kommen Schäfer und Schäferinnen, die am Lauf teilnehmen, Wasserträgerinnen und Sackhüpfer. Anschließend Festgottesdienst. Danach gehts zum Stoppelfeld, das jedes Jahr wechselt.
Für Musik bei Festzug und Tanz sorgen fünf Musikanten in alter Tracht (langer weißer Rock, kurze Lederhose, rote Weste und Dreispitz) mit Pikkoloflöte, Klarinette, schottischer Dudelsack, zwei Geigen.

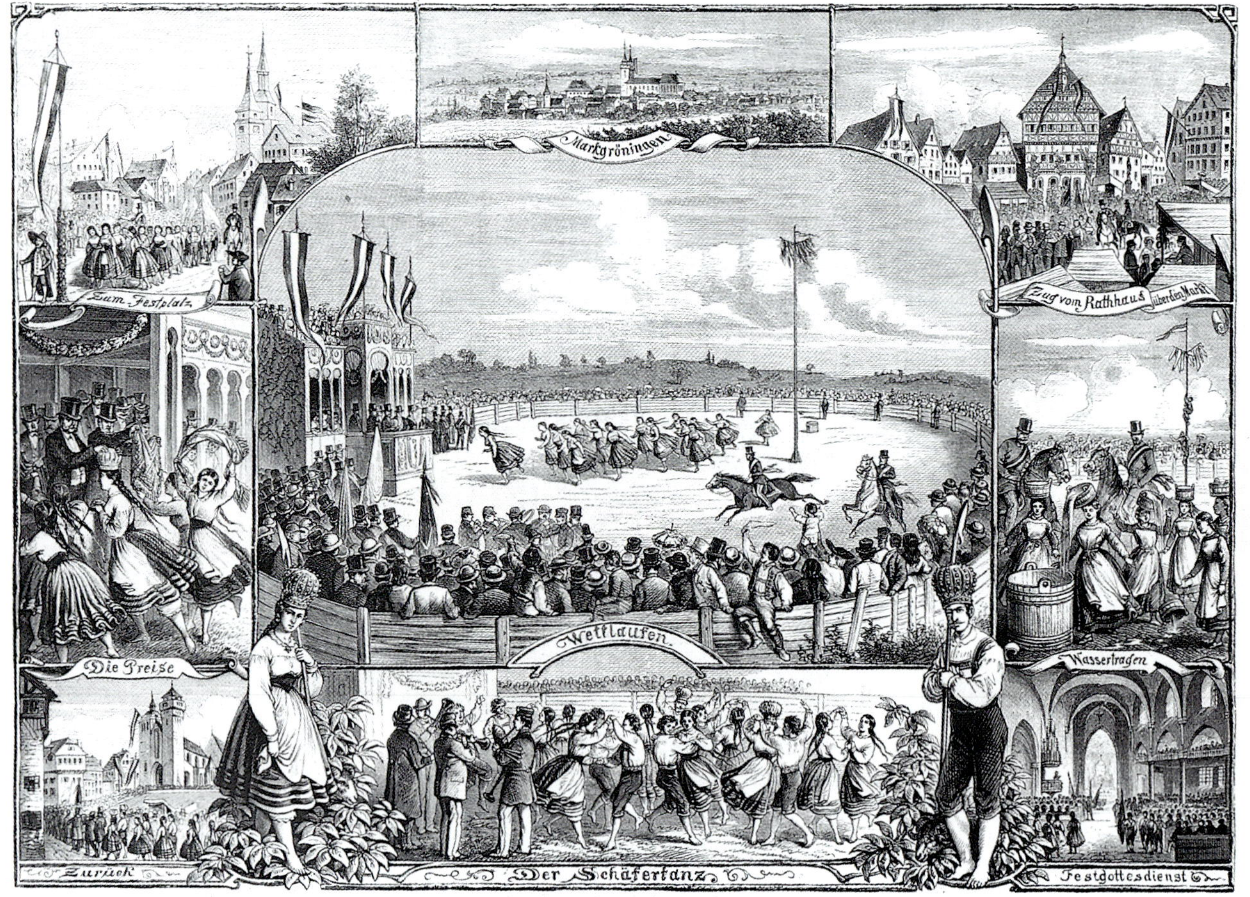

Abbildung 101

Der Schäferlauf in Markgröningen

Originalzeichnung von Karl Jauslin,
Städtisches Museum Ludwigsburg Inv. Nr. 1648w85a

Abbildung 102

Der Wettlauf

Städtisches Museum Ludwigsburg, Inv. Nr. 244w64

Schäfermusik - Schwäbischer Dudelsack

Bei den Schäferläufen bzw. Schäferfesten spielte der Schwäbische Dudelsack, auch Sackpfeife genannt, eine sehr große Rolle. Die ist in dem Buch „Sackpfeifen in Schwaben“ (Ernst Eugen Schmidt, erschienen im Schwäbischen Kulturarchiv, 1997) ausführlich dargelegt. Aus Markgröningen sind einige Abbildungen vorhanden, die dieses belegen.

Schwäbischer Dudelsack auch in Urach

Der Uracher Vogt sagte in seiner Rede an die Schäfer beim 1. Uracher Schäfertag im Jahr 1723:

„Sie sollen ihre eigene Musik haben, daß wenn einer ein vollkommener Schäfer sein will, er notwendig auf der Schalmeien oder Sackpfeifen soll spielen können, denn die Altväter davon gehalten, daß diejenigen Schaf, welche ihr Hirt öfters auf der Schalmeien oder Sackpfeifen aufgespielet, viel fetter und schöner werden als die anderen, die dergleich geschickten Schäfer nicht haben“.

Abbildung 103
Die Markgröninger Schäfermusik, auch Ladenpfeifer genannt, auf einer Postkarte der Firma Metz im Jahr 1910, mit Querpfeife, Geigen, Klarinette und einem großen Dudelsack.
Bild: Haus der Geschichte Baden-Württemberg, Sammlung Metz

Abbildung 105
1842 feierte König Wilhelm I. sein 25jähriges Amtsjubiläum. Aus diesem Anlaß veranstalteten die Württemberger einen prunkvollen Festzug. Alle Städte des Landes schickten Abordnungen nach Stuttgart. Die Gebrüder Heideloff malten den großen Festzug. So entstand das Bild der damaligen Markgröninger Abordnung mit Sackpfeife und Schalmeien. Leider ist die Sackpfeife nicht richtig dargestellt worden. (Abbildung: Städtisches Museum Ludwigsburg)

Abbildung 104
Schottische und Egerländer Dudelsäcke beim Markgröninger Schäferlauf am 23. 8. 1958, die in Ermangelung eigener schwäbischer Instrumente eingesetzt wurden.
Foto: Landesbildstelle Württemberg

Abbildung 106: Walter Laue - Gertrud Kendel

Der 1. Tanz nach dem Lauf (300 m barfuß über ein abgeerntetes Getreidefeld mit Stoppeln) gehört dem Konigspaar (den Siegern beim Wettlauf).

„Der kunstvolle Schäferreigen, der von der Markgröninger Jugend in Schäfertracht aufgeführt wird, ist reich an Formen und entzückt durch immer wechselnde Bilder“. (Dr. Theo Hornberger: Der Markgröninger Schäferlauf).

Dann folgen Hahnentanz (wohl der einzige der alten Schäfertänze), Wassertragen (Segenswasser oder Überrest einstiger Gesellentaufen?), Sackhüpfen, Mastklettern und anderes. Der Nachmittag und Abend werden bei Tanz und Unterhaltung (Schießbuden etc.) verbracht.

Bis 1723 war der Markgröninger Schäferlauf die alljährliche amtliche Zunfttagung der Schäfer aus dem gesamten Herzogtum. Von da an gab es (wegen der großen Entfernungen) die sog. Nebenladen der Hauptzunft: Wildberg für den Schwarzwald, Urach für die mittlere Alb, Heidenheim für die Ostalb.

1828 wurde das Zunftwesen aufgehoben. Seither übernimmt die Stadtverwaltung die Kosten für den Aufwand des Festes, um die alte Überlieferung zu erhalten.

Ein Zeitungsbericht (Horak) gibt noch ein recht anschauliches Bild vom Uracher Schäferlauf: „Der Festzug bewegt sich vom Marktplatz -Rathaus- am Marktbrunnen vorbei zur Kirche, in deren feierlichen Raum die bunten Trachten, die Wimpel und Fahnen, die Schäferschippen und die Zunftlade einen frischen Ton der Volks- und Bodenverbundenheit hineintragen“. Der Festplatz ist ein grünes Wiesental. „Bei heißen Wettläufen ringen Schäferburschen und -mädchen um die Krone des Tages und um andere Preise. Urtümlich und bäuerlich mutet der frische Wettlauf der Wasserträgerinnen an, in bunte Tracht gekleidete Mädchen von der Alb, die kupferne Wassergölte auf dem Kopf“.

Schäferlauf in Markgröningen

— Ältestes schwäbisches Volksfest — urkundlich bereits 1443 erwähnt —

Aus dem Programm:

Donnerstag, den 23. August 1956

7.30 Uhr Preishüten des Landesverbandes der Schafzüchter in Württ.-Hohenzollern im Gewand „Au“ an der Straße nach Asperg.

Freitag, den 24. August 1956 (Haupttag)

9.00 Uhr Einholung des Landrats von Ludwigsburg an der Stadtgrenze. Begrüßung der Ehren- und Festgäste. Übergabe der Schäferfahne u. Zunftlade an der Rathauspforte.
11.00 Uhr Festzug zum Gottesdienst.
12.30 Uhr Festzug zum Stoppelfeld beim oberen Tor. Dort anschließend traditioneller Schäferlauf, Schäfertanz, Hahnentanz, Reiterspiele u. a. m.

Sonntag, den 26. August 1956 (Nachfeier)

13.30 Uhr Festzug zum Stoppelfeld, dort
14.00 Uhr Wettlauf, Schäfertanz, Hahnentanz, Reiterspiele u. a. m.

Die Gaststätten bieten mit ihren gutbürgerlichen Küchen, gepflegten Weinen und Bieren gemütlichen Aufenthalt. - Tanz im historischen Rathaus und in mehreren Gasthöfen. - Großer Vergnügungspark, Krämermarkt.

Auskunft: Bürgermeisteramt (Fernruf 142)

Schäferlauf - Urach [1]

Melodie und Tanzausführung des Schäferlaufs stammen aus dem schwäbischen Schwarzwaldkreis.

Ausführung

Offene Fassg. In der freien Hand hält jedes Paar ein weißes Taschentuch.

T 1- 7 Alle vollführen langsamen Wechselschritt (äuß.F beginn.) in TR vorw., Fassg.gelöst.

T 8 Beide vollführen am Ort eine Kehrtwendung, Tr gegensonnen, Tin mits. u. nehmen offene Fassg. mit der anderen Hand.

T 1-8, Wiederholung gegen TR, zun Ausgangsplatz, 1. Fassg. lösen.

T 9-10 Wechselschr: Tr halblinks vorw., Tin halbrechts vorw. in TR auseinander.

Auch alte Tanzspiele gibt es dabei: Becher und Hahnentanz. Dann folgt der figurenreiche Schäfertanz. Herbert Oetke, schreibt über dieses Fest: "...Da tanzen die Burschen und Mädchen den Metzgertanz, der dort ursprünglich als Zunfttanz getanzt worden sein soll. Tanzform und Melodie sind die der in ganz Deutschland bekannten Varsovienne, des Warschauers" (vgl. Bö II Nr.263).

T11-l2 = 9-10, doch zueinander (Tr halbr.vorw.,Tin halbli vorw.)

T 13-16: gew.Fassg, 4 Walzerschritte in TR

T: 9 -16 Wiederholung

---

[1] Deutsche Volkstänze, Teil III

Abbildungen 107 und 108

Schäfertanz in Markgröningen

Fotos: Walter Laue - Getrud Kendel

Abbildungen 109

Wasserträgerinnen in Urach beim Schäferfest

Fotos: Walter Laue - Gertrud Kendel

Uracher Schäferlauf

Metzgertanz

Paarweise mit gew.Fassg.

T 1 – 2	Mazurka-Schr. (äuß.F beg.) in TR vorw.
T 3	mit Wechselschr. halbe Umdrehung r
T 4	Nachstellschr. in TR (Tr r, Tin li)
T 5 - 6	2 Mazurka-Schr. (inn.F) in TR vorw.
T 7	= 3
T 8	= 4 (Tr li, Tin r)
T 9 - 16	= 1-8
T 17 - 24	Zweihandfassg, im Wechselschr. am Ort gegensonnen
T 17 - 24:	Wiederholung

Abbildung 110

Bechertanz (Urach)
Bild: Kurverwaltung Bad Urach

Abbildung 111

Tanz der Kreisreiterpaare
Bild: Kurverwaltung Bad Urach

Abbildung 112

Der Wildemännlestanz zu Oberstdorf

Die Abbildungen stammen von Anton Köcheler, Oberstdorf.

Er wurde letztmals im Jahre 1892 aufgeführt. Die Kulissen bestehen aus einer künstlichen Berg-, Wald-, Felsenlandschaft mit wilden Tieren. Die 13 wilden Männer, sind so gekleidet, wie man sich Waldschratten vorstellt: mit Moos- und Baumflechten bedeckt und einer Schelle umgehängt. Ihr Auftreten gliedert sich in 3 Abschnitte:

a Zuerst Tanzfiguren: Sie hüpfen beidbeinig in grotesken Sprüngen mit gekreuzten Füßen, [1]

b danach folgen künstlichere Stellungen: kleine, mittlere und große Pyramide, indem sie zwei- und dreifach übereinanderstehen, und Glocke, von Sechsen dargestellt;

c den Schluß bildet das Faunenlied, im Grunde genommen ein Preislied auf Deutschland, nach 1870 entstanden. Am Schluß jeder Strophe wird ein Kehrreim gesungen:

Der Eintracht singen wir
ein frohes Lied allhier,
und immer tanzen wir
so wild durch das Revier
Der Freiheit trinken wir
in Wetter, Sturm und Graus
die Becher fröhlich aus.
Ganz Deutschland bringen wir
den rauhen Kraftgesang,
und unser Lebensgang
vereilt in Kling und Klang,
im rauhen Kraftgesang! [2]

[1] Wolfram, Deutsche Volkstänze, Leipzig 1937, 18

[2] Die wörtlichen Zitate stammen aus der Zeitschrift des vereins für Volkskunde, Berlin 7. Jg. 427 - 437 (Horak)

Heute sind die Darbietungen z. T. theatralisch verändert, doch dürfte ein Keulentanz den sie vorführen, zum alten Bestand gehören. (Wolfram bringt diesen Tanz in Beziehung zu Stocktänzen in Europa, Indien und Altägypten).

1811 „begaben sich die Oberstdorfer nach Oberdorf b. Bissenhofen, der Sommerresidenz des Trierer Kurfürsten Clemens Wenzeslaus (Sohn Augusts III. von Polen, Kurfürst von Sachsen), und produzierten sich mit ihrem Wildemännchenspiel. Sie haben auch später noch Kunstreisen mit demselben gemacht, so um 1820 nach Lindau, Konstanz und der Schweiz".[1]

Zum Sinn des Spieles:
Der erste Einzug der Wildemännle, die damals Besitz ergriffen von der ganzen Gegend, wird alljährlich gefeiert. Es ist, kurz gesagt, ein volkstümliches Spiel, das in uralten Frühlingsbräuchen wurzelt (der Waldschratt gehört zur großen Gemeinschaft der elbischen Wesen). Wolfram bezweifelt den Zusammenhang mit Wachstumsgeistern: Sie treten „als Brauchtumsfiguren mit ausgerissenen Bäumen bewaffnet auf, was nicht gerade auf Wachstumsförderung deutet. Vom Nürnberger Schembartlaufen des 16. Jahrhunderts bis zum noch lebendigen Schemenlaufen in Imst zeigen sich die Waldriesen in dieser Gestalt meist als Vertreter des wilden Heeres".[2] Das Volk verbindet zwei Vorstellungem mit den Wildemännle:
1). Das grünende Leben, die Vegetationskraft. Sie wird zur Frühlingszeit im Wald gesucht, gefunden, freudig begrüßt und im Triumph ins Dorf geführt (vgl. Butze zu Fastnacht und Pfingsten).
Um 1880 wurde in Marling bei Meran ein Wildemannspiel aufgeführt, und zwar am unsinnigen Pfinztag, dem Donnerstag vor Fastnacht
(schwäbisch: gumpiger oder schmotziger Donnerstag). Der Wildemann mit seinen 2 Jungen soll bekehrt und getauft werden. Zuvor muß man sie im Wald suchen. Bei der Taufe werden alle 3 in den großen Brunnentrog getaucht (Horak).
Die Taufe könnte eine christliche Umdeutung des Wassergusses sein, der bei Frühlingskulten und Jünglingsweihen in zweifachem Sinne üblich war:
Als kultische Reinigungshandlung;
man will der fruchtbarkeitsförderden Kraft des Wassers teilhaftig werden.

2). Die wilde Natur des Waldes und Gebirges, die der Kultur trotzt. Die Gestalten werden als wilde Wesen gejagt und getötet.
In Burgeis im Vinschgau wurde 1829 ein Wildemannspiel gegeben, wahrscheinlich von einem Lehrer umgewandelt. Der Wildemann wird bekehrt zur Bildung, Religion, Tugend und Wissenschaft werden persönlich dargestellt und führen den wilden Mann zum Schluß durch das Tor der Glückseligkeit zu den himmlischen Freuden.

Wildemännlein - Masken gibt es auch sonst bei Faschingsmummereien; noch beim letzten Schembart, 1539, wird ein Zug von Holzmännlein und -fräulein angeführt.

1393 hatten sich am französischen Hof der König und 4 Kavaliere als „hommes sauvages" verkleidet; dabei sind sie durch Unachtsamkeit verbrannt.

Jene Gestalten, Moosweiblein, Wald- und Berggeister sind auch beliebte Märchen- und Sagenstoffe.

Musik zum Wildemännlestanz

[1] Wolfram, 18
[2] ebda.

Laiche und Reigen

Dies ist ein heute noch sehr umstrittenes Kapitel. In der gotischen Sprache gibt es ein Wort **laikan** = hüpfen, spielen und **laiks** = spiel (angelsächsisch. lac, vgl. bryd - lâc = Brautlauf).[1] Im Mittelhochdeutschen findet sich „leichen“ auch in der Bedeutung von hüpfen. „Vor allem aber diente das Substantiv Leich zur Bezeichnung des chorischen, von Musik geleiteten Reigens und einer Gedichtart, die aus der Wortbegleitung dieser Musik entstanden war“. [2]

„Die älteste Poesie eines jeden Volkes ist eine Verbindung von Tanz, Spiel und Gesang. Diese 3 Dinge sind noch ungetrennt ... So lehrt es die Naturgeschichte aller Natur- und Kulturvölker. So war es unzweifelhaft auch bei den Schwaben in ältester Zeit. Auch sie hatten ihre Gesangtänze und Tanzgesänge. Ein solcher mit Tanz (d. h. chorischem Einherschreiten) und Spiel verbundener Gesang hieß bei ihnen ein Leich..... gegenüber dem von einzelnen gesungenen, gleichstrophigen Liede“.[3]
Lied und Laich sind also Parallelerscheinungen. Ums Jahr 1000 hören wir von Notker Labeo aus St. Gallen: „Daz ze singenne getan ist also liet unde leich“. [4]
Der Laich ist aus Strophen von verschiedenem Bau zusammmengesetzt; demnach muß die Musik dazu aus verschiedenen aneinander gereihten Melodien bestehen. Böhme erwähnt aus der Jenaer Minnesinger-Handschrift zu Anfang des 14. Jahrhunderts den „145 Zeilen langen und langweiligen Leich vom wilden Alexander" und bemerkt dazu:
„Die alte Leichform, wie sie dereinst beim Tanze üblich war, kann man an diesem musikalischen Ungeheuer wahrlich nicht studieren, nur soviel ersieht man: Der Text ist durchkomponiert, nur die 3 Anfangszeilen wiederholen ihre Melodie, dann geht es in musikalischen Phrasen, ohne daß eine Wiederholung kommt oder ein Motiv festgehalten wird, bis ans Ende wüste fort. Recht gut war für die Poesie und Musik, daß solche Unform aufgehört hat“. [5]

Sicher zeigen die Laiche der Minnesingerzeit nicht mehr das ursprüngliche Gesicht. Sequenzen und französische Lais der Troubadours und Trouvères waren an der Umgestaltung wesentlich beteiligt. Sequenzen bestehen aus einer Reihe freigebildeter, langer und kurzer Strophenpaare, die von einem freien Eingang und Schluß umgeben sind.
Bei den „Lais“ wird die gleiche Melodiegruppe auf wechselnden Text wiederholt. Der Lai oder Leich ist das weltliche Gegenstück der Sequenz.

Am Anfang waren es wohl einfache, kurze Chortanzlieder, ungefähr wie unsere heutigen Kinderreigen. [6]

Bei den Kindern hat sich viel erhalten, was ursprünglich ins Reich der Erwachsenen gehörte. Alte Vorstellungs- und Glaubenswelten, die ursprüngliche Art zu tanzen, können wir noch oder nur bei ihnen studieren. Freilich sind es auch hier Bruchstücke; vieles wurde weggelassen, verändert, anderes hinzugefügt, angepaßt und eingeschmolzen. Verweilen wir ein wenig im Kinderreich, diesem „heimlichen Reich voll Glück und Freude, in dem alle guten Geister und Kräfte unseres Volkstums walten!“ [7]

„Die wenigsten Menschen geben sich darüber Rechenschaft, auf welches Alter die meisten der vielen Lauf- und Hüpfspiele, Reigen, Kreisel- und Reifentreiben zurückblicken können. Es ist auch viel zu wenig bekannt, daß die meisten dieser Spiele religiösen Ursprungs sind ... Im Spiel wollte man kosmisches Geschehen versinnbildlichen (z.B. Lauf mit der Sonne)... Nach der Einführung des Christentums wurde die Pflege des heidnischen Brauchtums verpönt. In den Kinderspielen aber konnte dieses sich weiter erhalten“.[8]

[1] vgl. Böhme I, 13
[2] Böhme I, 5
[3] Böhme I, 13
[4] zit. ebda, 237
[5] Böhme I, 249

[6] vgl. Böhme I, 13
[7] Waltner Pudelko, Das Rosentor, alte u.neue Spiele u. Reig. f. Kinder BA 1760.
[8] F. K.Mathys, Rettet die alten Kinderspiele= Schweizer Spiegel, 29.Jg, Nr.6, Zürich 1954

Abbildung 113

Das Brückenspiel

Kinder aus Betzingen 1978 beim „Brückenspiel“ bei Fernsehaufnahmen für eine Filmreihe „Tänze der Welt“. Den Film drehte der sehr renommierte Filmemacher und Fotograf Franz Lazi. Er machte auch diese Aufnahme.

Karl Wehrhan[1] gibt eine reichhaltige Einteilung der **Kinderspiellieder;**
einfacher Ringeltanz,
Ringelreihen mit Niederfallen (Ringel, ringel, reihe),
Ringelreihen mit Umkehr des Kreises (Kettenspiel),
Ringelreihen mit Auflösen des Kreises (Zipfelmütze; Schwarze Köchin),
Ringelreihen mit Wahl (Rosenlied),
Ringelreihen mit Nachahmung (Zeigt her eure Füße; Wollt ihr wissen),
Ringelreihen über Balladen - und Märchenstoffe (Mariechen; Dornröschen),
lange Reihe,
gegenüberstehende Reihen,
Torbilden und Durchkriechen (Machet auf das Tor; Brückenspiel).

Der Rhythmus ist „eine Kraft, die das Kinderlied von innen her in all seinen Schichten formt“. [2]
Die Melodie ist beständiger, unwandelbarer als der Text, er tritt hinter Melodie und Rhythmus zurück. Wie stark der Rhythmus bestimmend ist, wird bei Auszählreimen am deutlichsten. Es sind „wunderbar stimmende, nichtlogische Verse“: [3]

"Itzen, titzen, Silberschnitzen,
Itzen, titzen drauß"

oder:" *Anna widewanna*
widewumbas kadanna,
widewumbas kadrops ..."

Rhythmus ist die Seele des Kinderverses. „Er ist das, was den Reim befähigt zu binden und die Bilder ermächtigt, gegeneinander zu rennen, sich aneinander zu klammern und zu funkeln:“ (Höllerer)

Wir treten auf die Kette,	*Singt sogar*
daß die Kette klingt	*wie ein Star,*
wir haben einen Vogel,	*hat gesungen*
der so lieblich singt.	*sieben Jahr.*

Ein solcher Kinderreim ist keine langweilige, leicht rhythmisierte Abhandlung, sondern ein Klangkörper, ein Bild - Kosmos und eine Tanzfigur zugleich.
Hier wird Platz gemacht für die jungen Damen (Höllerer).

Kettentechnik, Fortführung ohne Rücksicht auf den Sinn, lediglich durch Reimanklang oder Bildassoziation, nicht kausale, sondern beigeordnete Gliederung sind typisch für das Kinderlied.
Das Vorherrschen von Wortmusik und Rhythmik, die dadurch erzielte Sprunghaftigkeit, ja Phantastik der „Handlung“ sind nicht nur Grundbestand des deutschen Kinderliedes, sondern der Gattung Kinderlied überhaupt. [4]

Im kindlichen Weltbild ist enge, scheinbar unlösliche Einheit von Phantasie und Wirklichkeit ein Hauptbegriff: „Obwohl das Vorstellungsvermögen des Kindes bis zu einem gewissen Alter viel eher in der Märchenwelt wurzelt als in der Wirklichkeit, dringen doch viele Dinge des Alltags und der Gegenwart mit ein“. [5]

Rote Kirschen eß ich gern,
schwarze noch viel lieber.
In die Schule (Kirche) geh ich gern
alle Tage wieder.
Hier wird Platz gemacht
für die jungen Damen!
Saß ein Kuckuck auf dem Dach,
hat der Regen naß gemacht.
Kommt der liebe Sonnenschein,
diese Liese soll es sein!

Jedes Motiv (in diesem Fall immer 2 Zeilen) stellt ein geschlossenes Sinnganzes dar. Der Rhythmus ist das verbindende Glied. Manchmal ist auch der Reim die treibende Kraft oder verschiedenartigste Assoziationen, z. B. die des Klanges bei Kirschen - Kirche.

Daneben gibt es aber auch inhalts- und handlungsbetonte Lieder. „Das Lied hat dann weitgehend seine Struktur vom Denken der Erwachsenen, sei es, daß es auf eine alte Ballade Erwachsener zurückgeht, die sich noch nicht der Kindlichkeit ganz gebeugt hat (z.B.. Mariechen saß auf einem Stein), sei es, daß es ein inhaltsbetontes Kunstlied für Kinder ist (Dornröschen war ein schönes Kind)“. [6]

[1] zit..b.Ruth Lorbe
[2] Ruth Lorbe, 39
[3] W. Höllerer, Bet fürs bucklicht Männlein mit ... Kinderreime und die große Welt Fft. Allg. (Kunzig)
[4] vgl. b. Ruth Lorbe, 24f
[5] Ruth Lorbe, 137
[6] Ruth Lorbe, 29

Dornröschen war ein schönes Kind
Dornröschen, nimm dich ja in acht vor einer bösen Fee!
Da kam die böse Fee herein und sprach zu ihr
Dornröschen, du mußt sterben
Da kam die gute Fee herein und sprach zu ihr
Dornröschen, schlafe hundert Jahr!
Da wuchs die Hecke riesengroß
Da kam eim junger Königssohn und sprach zu ihr:
Dornöschen, wache wieder auf!
Da feiern sie das Hochzeitsfest und alles mit.

Der Inhalt der getanzten und gespieltem Lieder weist häufig in alte Zeiten zurück, auf Mythos, Aberglauben und Brauchtum. Der einfachste Kinderreigen ist wohl: *Ringel, ringel, reihe, sind der Kinder dreie, sitzen unterm Holderbusch, schreien alle: Husch, husch, husch!* Dazu bemerkt Ruth Lorbe: [1] Hier scheint einleuchtend, daß ein alter Frühlingsreigen zugrundeliegt, in dem auch von „Holdas Busch“ die Rede ist, zumal deren Gestalt im Volksaberglauben sehr verbreitet. ist ... Heute denkt niemand mehr an einen Reigen zu Ehren der Hulda, wenn er das Lied hört. Wenn das Lied einer sehr alten Dichtungsepoche angehört und trotzdem von den Kindern freudig weitergeführt wird, so liegt das begründet in der rhythmischen und klanglichen Gestaltung: Die Wesenheit ältester Zauber- und Beschwörungsdichtung und das Wesen dessen, was Kindern Dichtung ist, stimmen weitgehend überein. (vgl. Merseburger Zauberspruch und Auszählreime.)

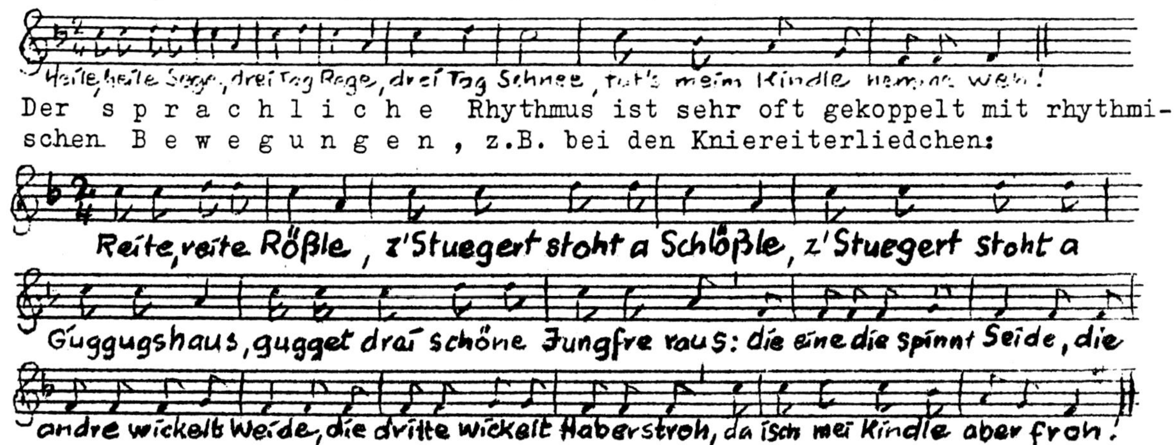

Führen die Kinder selbst die Bewegungen aus, so finden wir das reihum folgende Hindeuten bei Auszählreimen, das Rütteln und Schütteln der Zipfelmütze oder das einfache Schreiten im Kreis. Viele Kreisspiele bestehen nur aus einem schier endlosen Herumlaufen ... Die gleichmäßige, hin- und herpendelnde Bewegung wird dabei letztlich vom Kinde angestrebt. [2]
Betrachten wir die Melodien dazu - oftmals mehr ein monotoner, leiernder Sprechgesang- so wirken sie wie ein Abbild der langen Reihe der Kinder und des gleichmäßigen Auf- und Abschreitens des singenden Kreises. (vgl. die Melodie zu: „Ist die schwarze Köchin da?“). Ruth Lorbe zeigt an mehreren Beispielen, „daß die Spielweise, also die Art der Körperbewegung für die Tonfolge der Melodie oft ausschlaggebend ist“. [3]

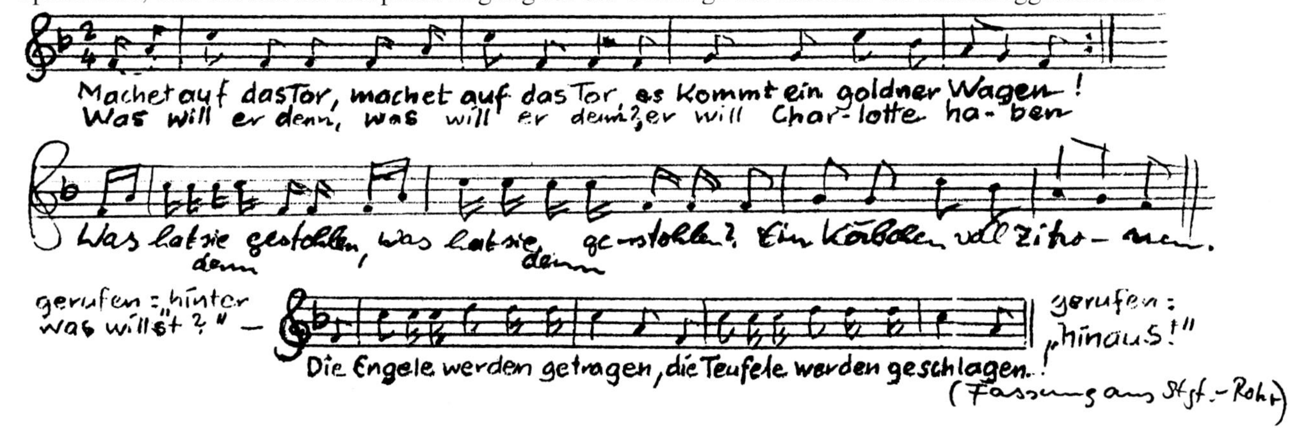

Mit dem Ansteigen der Melodie werden die Hände zun Tor erhoben. Beim Fallen der Melodie (am Schluß) Absenken der Arme zur „Gefangennahme“. Beim letzten Teil: Pendeln der Melodie nach oben und unten, als Bewegung entweder Schaukeln oder Schütteln des Gefangenen.

[1] Ruth Lorbe 109
[2] Ruth Lorbe 31
[3] Ruth Lorbe 31

Wir haben hier wirklich noch die alte Einheit von Text, Musik und Bewegungsspiel, gleich drei ineinandergeschmiedeten Ringen.
Nun ein paar Kinderspiele; einige davon habe ich selbst in den ersten Schuljahren mitgetanzt und gespielt, andere fand ich bei Meier [1] und Böhme. I

Machet auf das Tor - Ausführung -
2 Kinder bilden mit erhobenen Armen ein Tor, durch das die andern in langer Kette durchziehen. Das letzte wird gefangen und hat die Wahl zwischen *Himmel* und *Hölle.* Bei uns früher hieß es: *Orangen* oder *Zitronen ?* Was davon Himmel oder Hölle war, wußten wir im voraus nicht! Am Schluß stehen sich dann 2 Gruppen gegenüber. *Die Engele* werden auf den Armen der beiden Torkinder gewiegt, dann ins „Himmelreich“ hineingeschubst, die *Teufele* zwischen dem Armen der Torkinder tüchtig hin- und hergeschüttelt und zuletzt in die „Hölle“ gestoßen.
Ruth Lorbe meint dazu: [2] ....„Die Motive Tor und Wagen deuten in ihrem Symbolgehalt in die Vergangenheit zurück. Eine bestimmte Entstehungszeit läßt sich nicht nachweisen. Die Tür (wie die Schwelle) galt früher als Ort zauberischer Handlung..., bezeichnet ... einen Übergang in eine andere Welt. Ebenso ist das Motiv des Wagens mit altem Brauchtum verknüpft. Noch heute kennt man Braut- und Totenwagen, und noch heute werden die Wagen aus feierlichen Anlässen geschmückt (z.B. bei festlichen Umzügen). Odin = Wotan stellt man sich im Wagen fahrend vor. Der Sonnenwagen ist ein alter Begriff. Infolge dieser Anklänge an Gegenstände und Vorgänge aus dem Bereich alten Brauchtums ist dieses Lied nicht als ursprüngliches Kinderlied aufzufassen, wenngleich es heute nur noch als Kinderlied lebendig ist“.
Brückenspiel - (Die goldene Brücke [3] Nr. 109,)

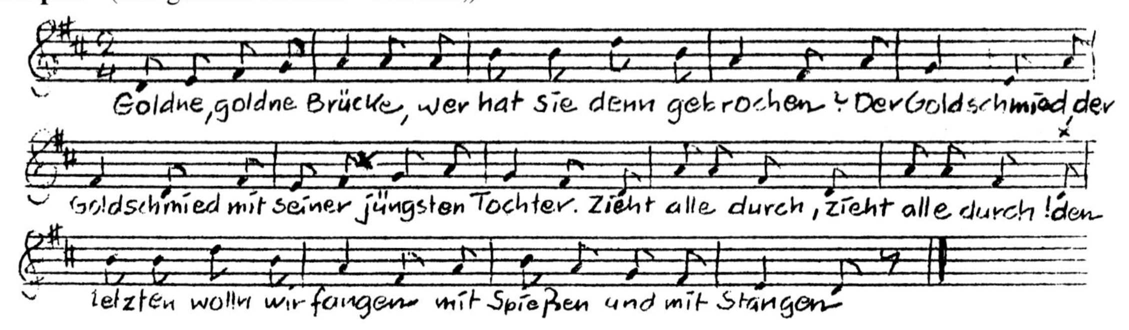

(vgl. Melodie zur Echternacher Springprozession S 66)
Ausführung
2 Kinder - Sonne und Mond - halten die gefaßten Hände hoch und bilden eine Brücke, durch welche die andern gehen. Das bei x ankommende Kind wird durch Herablassen der Arme abgeschnitten und muß sich hinter eines der beiden stellen. Dann haben Sonne und Mond einen Schweif.
Sind alle gefangen, ziehen beide Parteien, bis eine Partei nachgeben muß. Vor dem Ziehen kann auch ein Engels- und Teufelsspiel kommen (wie oben).

Durchs Tor gehen heißt ein Liedchen aus Niederhessen (Goldene Brücke Nr. 114 mit dem Text „Macht auf das Tor“, die Melodie ist etwas verändert).
Ausführung: Die Kinder stehen mit gefaßten Händen in Paaren hintereinander. Jedes Paar bildet durch Hochhalten der Arme ein Tor. Das letzte Paar geht durch die Tore durch, und die andern folgen nach. Ist das 1. Paar durch alle Tore gegangen, so bildet es wieder ein Tor: Die Brücke bewegt sich also ständig weiter.
Das „Durchs-Tor-Gehen" auf die 1. Art kennen wir als „Bogengang“ beim Überlinger Schwertlestanz. Die Figur der *Brücke* (das Durchgehen unter den gefaßten Hände aller Paare) gibt es dort nicht, doch erwähnt Richard Wolfram sie bei vielen Schwerttänzen. Sie kann auch als Paartanz in folgender Weise ausgeführt werden: „Im Voranschreiten wendet sich das 1. Paar in die Gegenrichtung und bildet mit seinen erhobenen Händen ein Tor, durch das alle nachfolgenden Paare schlüpfen. Wer durch das Tor gegangen ist, schließt sich dem 1. Paare an. Am Ende der Reihe angelangt, dreht man sich wieder in die ursprüngliche Tanzrichtung und setzt die Kolonne der durch die Tore schreitenden Paare fort“. [4]

[1] Ernst Meier, Deutsche Kinderreime und Kinderspiele aus Schwaben, Tübingen 1851
[2] 11 f
[3] Josef Wenz, Die goldene Brücke, Kassel 1929
[4] Wolfram, Deutsche Volkstänze, 17

Abbildung 114

Goldne Brücke

Die Kindervolkstanzgruppe des Schwäbischen Albvereins Betzingen unter der Leitung von Elli Kehle 1978 in Grosselfingen.
Foto: Franz Lazi

In Österreich heißt dieser Paartanz „Sun-a-zuckn“ und „Sunn-abi-gehn lassen“, die Sonne untergehen lassen, also eine Darstellung des Sonnenkreislaufs (im Salzburgischen wird der Tanz als Erntetanz gepflegt), vielleicht auch des Lebenskreislaufs überhaupt.
Ins Jenseits gelangt man durch ein Tor oder über eine Brücke.
„Hier ist wohl kaum zu zweifeln, daß die „goldene Brücke“ die Brücke ins Jenseits ist, über die der entscheidende Weg geht. Die Überlieferung würde solchem Alter nicht widersprechen. Wir kennen das Brückenspiel schon aus dem Mittelalter. Die Jahrhunderte seither haben es nicht auszulöschen vermocht, und es wird in der zeitlosen Welt der Kinder wohl auch weiterleben“. [1]

Kettenspiel (Böhme I, 297 f.)
Die Mädchen reichen sich die Hände und gehen singend im Kreis:

Wir gehen um die Kette,
Spießglas -Glätte (Spiegelglas?).
Die Kette soll sich schlingen.
Welches ist die schönste Jungfer
unter diesem Ringelein?

Ein Name wird gerufen; die Bezeichnete dreht sich um, kehrt also den Rücken zur Kreismitte. Darauf singen die andern weiter:

Jungfer (Lieschen) kehr sich um,
kehr sich dreimal um und um,
bis die Jungfrau wiederkommt
aus der Erden, aus der Erden.
Morgen wird es besser werden.

Jetzt folgt wieder der 1. Teil. Das 2. Kind dreht sich um; dann der 2. Teil und so fort, bis der ganze Kreis nach außen blickt. Meier berichtet, daß in Tübingen der Kreis auch wieder eingekehrt werden muß. Zum schwäbischen Text konnte ich keine Melodie finden. In der „Goldenen Brücke" stehen verschiedene Beispiele:

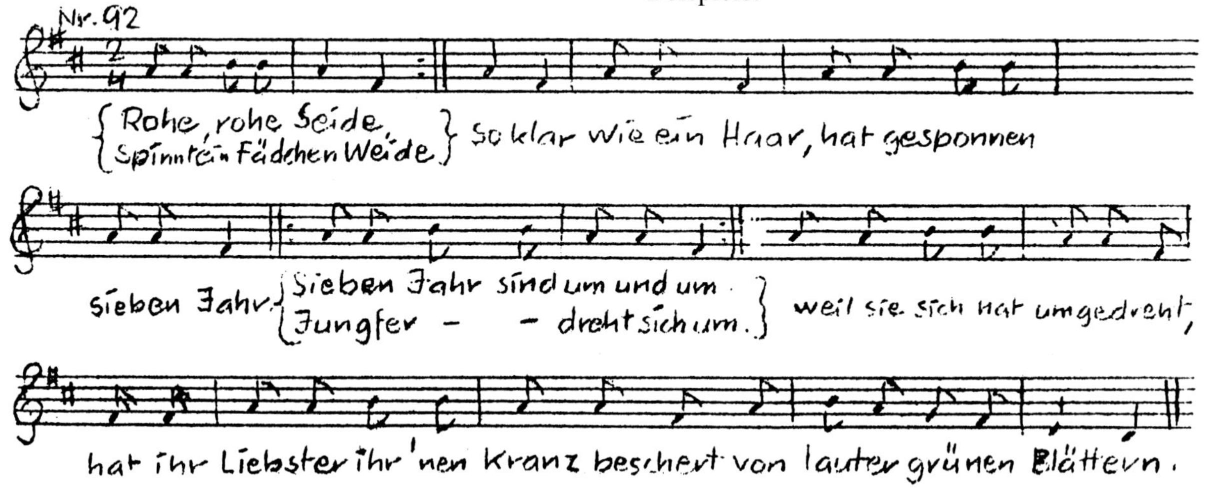

Und der Anfang von 2 weiteren Beispielen:
Nr. 90 (aus dem Rheinland)

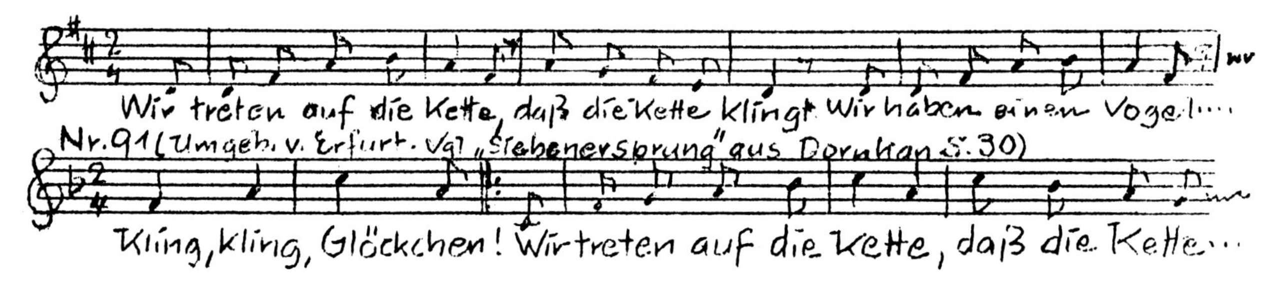

Die Melodie ist dieselbe wie bei „Heile Segen“ und dem oben angeführten Kniereiterliedchen.In dieser Art wurde wohl auch die schwäbische Fassung gesungen.

[1] Wolfram, Die Volkstänze in Österreich, 87

Aus der Schweiz: [1] "Zur Frühlingszeit fügen die Kinder im Aargau die hohlen Stengel des Löwenzahns (Sonnenwirbel genannt) zu einer Kette zusammen so groß, wie der Kreis zum Ringeltanze werden soll. Dabei singen sie:

Trettet zue, trettet zue,
sparet nit die nüe Schueh!
Trettet uf das Chettemli,
daß es soll erklingle,
wer die schönste Jungfer sig

Ein Tag Riese, zwei Tag Ise,
drei Tag Rumpedipum,
(Ida) kehr di um!
(Ida) hät sich umgekehrt,
hät der Chatz den Schwanz üszert

Siebe johr g'spunne,
acht Johr Suune,
Nünmol Rumpedipum,
kehr dich no-ne-malen um,
bis der (Fritze) zu dir kumt.

So geht das Singen und Umdrehen fort, bis alle das Gesicht nach außen gekehrt haben. Sodann heißt es:

Mer hab'n uns alle rümgedreht
un hab'n an Kranz mit Blumen beschert.
Ei so klor wie a Hoor,
hot gelebt sieben Johr.
Sieben Johr sin rüm,
mer drehn uns alle rum!

Jetzt drehen sich alle Kinder mit einem Male wieder so, daß sie mit dem Gesicht in den Kreis stehen.
Das Spiel kann wieder von neuem beginnen.

Böhme (298 f,) führt auch einen Reihentanz zum Johannistag aus dem Oberharzer Bergdorf Lerbach an: „Dort schmückt die erwachsene Jugend große Tannenbäume mit Blumen und bemalten Eiern und führt um sie abends einen Tanz auf, zu welchem man die Worte singt:

Die Jungfer hat sich umgedreht,
so rar wie ein Haar
so klein Hühnerlein
30, 40, 50 Jahr,
die Jungfrau wandt sich um."

Der Text ist ähnlich dem des Kinderreigens. In diesem Fall ist der Reihentanz noch mit der Sommerfeier verbunden, „deren Verherrlichung ursprünglich der Text galt. Wir haben also jetzt in diesem Liedchen den Beweis, daß dieses und die ihm ähnlichen Tanzlieder ursprünglich zum Begrüßen des Frühlings und Sommers dienten. Wolfram berichtet aus Schweden: Dort „wachen zumindest einmal im Jahr die Reigen auf, zu Mittsommer beim Tanz um den Maibaum". [2].

Zipfelmütze (in dieser Weise ausgeführt ca. 1940)

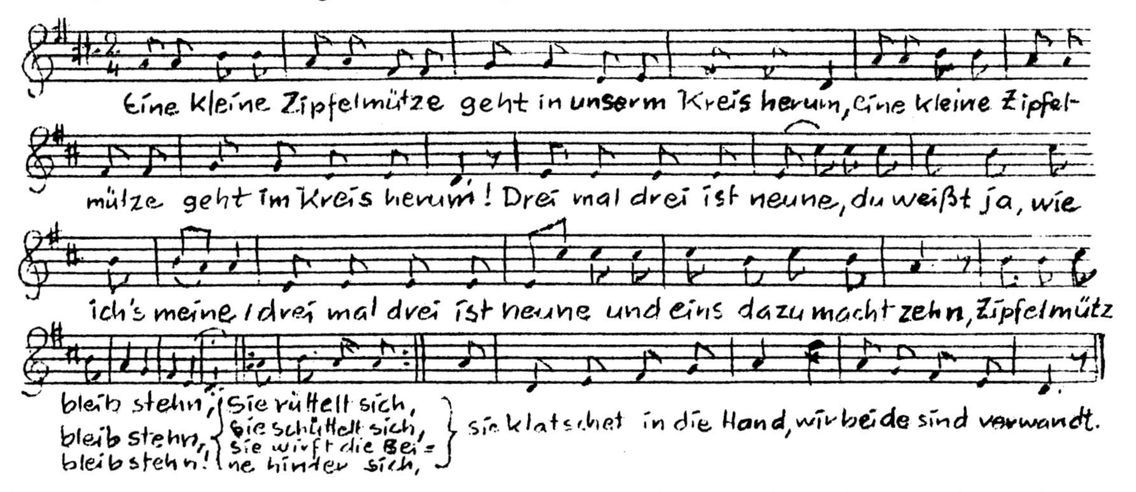

Ausführung: Beliebig viele Kinder stehen singend im Kreis. Eines geht innen herum, beide Hände als Zipfelmütze auf dem Kopf zusammengelegt. Beim dritten „bleib stehn" hält es vor einem der Kinder an, hüpft nach rechts und nach links, wirft die Beine hinter sich, auf „Hand" klatschen beide in die eigenen Hände und laufen rechts eingehakt herum. Dann geht es weiter: „Zwei kleine Zipfelmützen". Jedes der beiden wählt sich wieder einen Partner. Das Spiel geht solange, bis alle als Zipfelmützen wandern.

[1]Böhme I, 298
[2]Wolfram, Die Volkstänze in Österreich, 86

Kobolde und sagenhafte Gestalten in älteren Liedern hängen sicher mit altem Volksglauben zusammen, z. B. der **Butzemann** -vgl. Butze zu Fastnacht u. Pfingsten-, auch **Die Schwarze Köchin** (Goldene Brücke Nr. 121).

Die Schwarze Köchin.

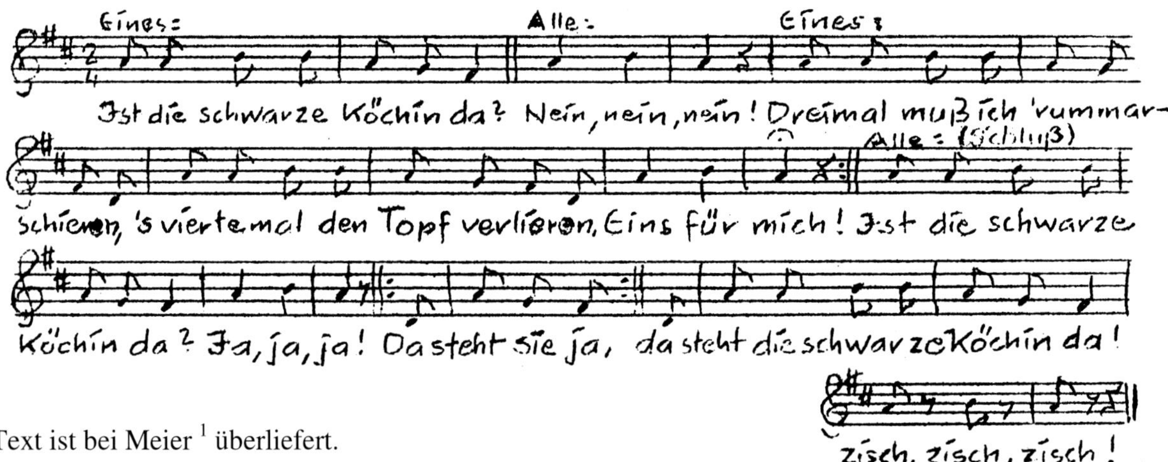

Der Text ist bei Meier [1] überliefert.

Ausführung

Die Kinder bilden mit gefaßten Händen einen Kreis. Um denselben geht außen ein Kind, singt und nimmt bei „Eins für mich" jedesmal ein Kind heraus, das sich mit der rechten Hand dem Zuge anhängt. So geht es fort, bis zuletzt nur noch 1 Kind übrigbleibt. Dieses hält die Hände vor das Gesicht und wird von den andern umhüpft, wobei der „Schluß" gesungen wird.

Über den Ausdruck „Schwarze Köchin" sagt Ruth Lorbe [2] "Der Brauch aus dem Schwarzwald, daß die Köchin mit ihren rußigen schwarzen Händen einem um Teilhabe an der Metzelsuppe Heischenden das Gesicht schwarz macht, hat den Ausdruck „Schwarze Köchin" erzeugt, als der er im Kinderlied weiterlebt".

Rosenlied (Meier, 112) aus Pfullingen.

Ein Mädchen wird mitten in einen Kreis gestellt, der sie umtanzt und dabei singt:

Rosen, Rosen auf unsern Hut
ist das beste Ehrengut.
Jungfer, sie muß tanzen
in einem Rosenkranze.

Schäflein, Schäflein, knie dich,
knie zu deinen Füßen,
daß ich bald: verzeihen muß,
einen Kuß zu küssen.
Küsse, wen du willst!

Bei den Worten: „knie dich" muß sie niederknien. Nach der letzten Aufforderung darf sie eine andere küssen, die dann ihre Stelle einnehmen und in den Kreis treten muß (vgl. unten Polsterl- oder Busserltanz).

Bestimmte **Blumen** haben im Brauchtum und in der Volksdichtung Bedeutung erlangt; immer wieder hören wir von Rosen und Nelken. Rosmarin [3] ist die symbolische Pflanze der Liebe, aber auch des Todes. In manchen Gegenden trägt die Braut Rosmarin statt Myrten.

Folgendes Spielchen gehört auch dazu:

Aus Tübingen: Um ein in der Mitte stehendes Mädchen bewegt sich ein Kreis und spricht halbsingend:

Blauer, blauer Fingerhut
steht dem Mädchen gar zu gut.
Mädchen, du mußt tanzen
mit den langen Fransen,

schwanzen ihre Röcke nicht,
denn das ist die schönste Polka nicht.

(Die beiden letzten Zeilen sind sicher später hinzugekommen).

Bei „schwanzen" macht das Mädchen in der Mitte eine schwänzelnde Bewegung. Die andern singen weiter:

Adam hatte sieben Söhne,
sieben Söhne hatte Adam.

sie aßen nicht und tranken nicht
und sahen sich ins Angesicht
und machten alle so!

Das Kind in der Mitte macht eine lange Nase.

Wie das Lied vom „Adam" in diesen Zusammenhang kam, ist nicht klar. In der „Goldenen Brücke" (Nr.88) ist dies ein 3teiliges Spiel für sich.

---

1 Ernst Meier, Deutsche Kinderreime und Kinderlieder aus Schwaben, Tübingen 1851
2 115
3 vgl. Ruth Lorbe, 116

Eine andere Fassung aus der Goldenen Brücke (Nr. 105)

Es ist ein Ringelreihen mit Wahl wie das Rosenlied. Diese Beispiele zeigen, wie Einzelteile verschiedener Lieder von den Kindern weggelassen oder übernommen, ausgetauscht und neu zusammengesetzt werden, eine Erscheinung, die man bei Volkslied und -tanz oft findet (vgl. die Melodien zum Siebensprung). Daher gibt es oft zu einem Lied oder Tanz unendlich viele Varianten. Eine „Urfassung" läßt sich meistens nicht genau bestimmen. Bei Böhme (II, Nr. 323) steht ein "Reigen am Johannisfest" (Rosentanz). Wir haben oben schon von den Rosenkronentänzen zu Pfingsten, am Johannistag oder überhaupt in der Frühlings- und Sommerzeit gehört. Vielleicht hängt folgendes Lied mit diesen Tänzen zusammen.

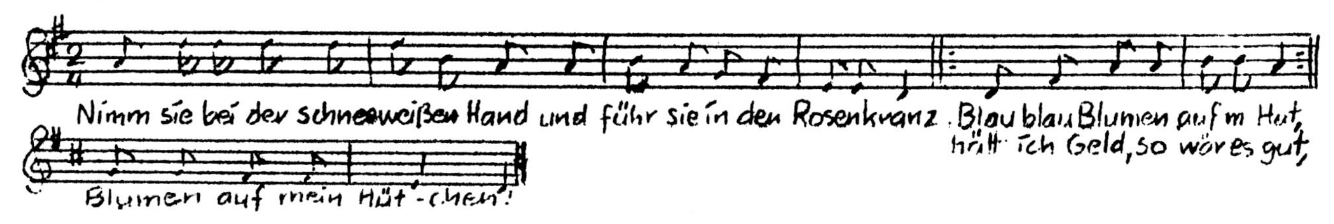

Eine im Kreis stehende Jungfrau hat alles das zu tun, was die umtanzenden Burschen und Mädchen singen.

Jungfer, ihr sollt tanzen!
in diesem Rosenkranze.

Jungfer, ihr sollt küssen
Das tät die Jungfer lüsten.

Jungfer, ihr sollt nicken!
Das tät die Jungfer strichen (gefallen)

Jungfer, ihr sollt scheiden!
Das tät der Jungfer leide.

Jungfer, ihr sollt draußen gehn!
Ein andre soll darinnestehn!

Nach jeder Strophe singt der Chor obigen Refrain. In Holland gibt es einen Rosentanz, der im Text auffallende Ähnlichkeit zeigt (nach einem Druck von 1716). Bis in unsere Tage aber hat sich dieses Lied bei den Deutschen in Mittelpolen gehalten (vor etwa 300 Jahren hat die deutsche Besiedlung Mittelpolens begonnen, allerdings ist die Zahl der südwestdeutschen Kolonisten gering. Schwäbische Siedlungen gab es östlich von Lodz, südlich und westlich von Warschau, nördlich von Kuino im Bezirk von Gostynin).

Rosen auf mein Hütchen (Volkstänze der Deutschen aus Mittelpolen 4.4 1736)

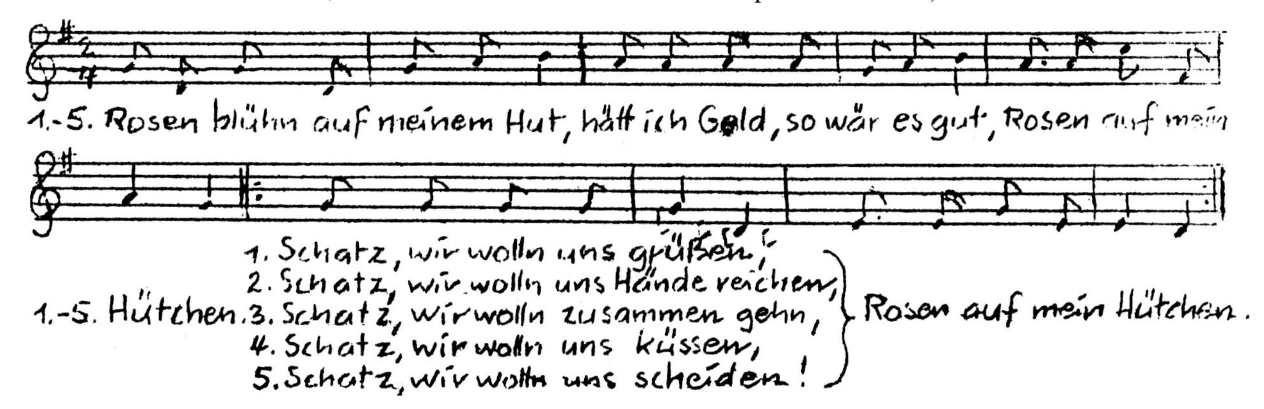

Ausführung:
Die Spieler bilden einen Kreis durch Handfassen. Ein Bursche steht innerhalb. Während des Füllreimes „Rosen blühn auf meinem Hut", den alle singen, geht der Kreis mitsonnen herum, während des Wechselreimes bleibt er stehen. Der Bursch in der Mitte geht immer entgegengesetzt, er singt den Wechselreim und führt die Bewegungen aus:

1. mit der Hand einem Mädchen zuwinken,
2. einem Mädchen die Hand reichen,
3. mit einem Mädchen Arm in Arm herumgehen,
4. das Mädchen küssen,
5. Bursch verläßt die Mitte, das Mädchen bleibt für das nächste Spiel in der Mitte.

Prof. Karl Horak hat das Lied bei schwäb. Siedlern in Leonberg Kreis Gostynin (80 km nordöstlich von Lodz) aufgezeichnet. Im Vorwort schreibt er:
„In alter Zeit haben die Glaubensvorstellungen unserer Vorfahren feste Form bekommen in Märchen, Sage, Lied. Wort, Ton und Gebärde verdichteten sich zur Dreieinheit Tanz. Im kultischen Brauchtum spielte der Laich eine wesentliche Rolle. Später wurde der weltliche Reigen in der Gemeinschaft gepflegt ... Spärliche Reste haben sich in unsere Tage hinübergerettet und fristen im Kinderlied ein unbeachtetes, mißverstandenes Dasein. Doch hat sich hier, wie in vielen anderen Fälllen, im deutschen Osten noch eine ältere Stufe dieses Volksguts erhalten.
Bei Hochzeiten und geselligen Zusammenkünften erklingen in Mittelpolen, besonders in den plattdeutschen Sprachinseln, noch alte Spiellieder. Zwar sieht man sie nicht mehr in der Öffentlichkeit, in der Familie aber und in der engeren Kameradschaft vereinigen sich noch die älteren Burschen und Mädchen, sogar die jüngeren Eheleute zu einem großen Kreis. In seiner Mitte werden die in den Liedern gesungenen Handlungen durch Gebärden dargestellt ... Sie (die Tänze) sind auch Zeugnisse der zuchtvollen Unterordnung des einzelnen unter eine Gesamtheit".
Weitere Tänze dieser Art, die mir bisher nur als Kinderreigen bekannt waren: Falsche Brücke (Goldene Brücke), Dornröschen, „Rote Kirschen eß ich gern", „Wenn wir fahren auf dem See", "Wer die Gans gestohlen hat", „Kirmesbauer", „Kleiner Mann" (allgemein bekannt in Mittelpolen), „Zeigt her eure Füße".

Dornröschen (siehe Seite 121)
Es gehört zu den inhalts- und handlungsbetonten Liedern. Die wichtigsten Ereignisse des Märchens werden dargestellt. Verschiedene Personen treten auf: Dornröschen, böse und gute Fee in der Mitte, der Königssohn von außen; alle übrigen Spieler sind beteiligt bei der großen Hecke: Gefaßte Hände und erhobene Arme schützen das Dornröschen, bis es vom Königssohn erlöst wird. Beim „Hochzeitsfest" tanzen alle paarweise oder in einem großen Kreis. Ich kann mich noch gut entsinnen, mit welcher Begeisterung wir so im Schulhof gespielt haben!

Inhaltlich nahe verwandt damit ist das
Spiel von der eingemauerten Königstochter
(Pudelko, Rosentor, 19):

Abbildung 115

Dornröschen

In den Kinderliedern sind noch Reste der alten Laichs enthalten.
Bild: Tänzerinnen und Tänzer der Volkstanzgruppe Frommern bei einer Aufführung des Programms „Geschichte des Tanzes" im Freilichtmuseum Neuhausen ob Eck 1997.
Foto: Manfred Stingel

Ting, tang, Tellerlein!
wer sitzt in diesem Turme?
Ein wunderschönes Mägdelein.
Kann man sie sehn? O nein!
Der Turm ist viel zu hoch.
Man muß die Stein abbrechen.
l. Stein, 2. Stein, 3. Stein:
Bald sollst du erlöset sein!

Ting, tang, Tellerlein,
zerbrochen liegt die Mauer.
Das dunkle Tor ist aufgetan,
vergangen alle Trauer.
Mägdlein fein, Mägdlein zart,
komm mit uns zur Maienfahrt!

Bald sollst du erlöset sein!
wer sitzt in diesem Turme?
Ein wunderschönes Mägdelein.
Kann man sie sehn? O nein!
Der Turm ist viel zu hoch.
Man muß die Stein abbrechen.
4. Stein, 5. Stein, 6. Stein:
Bald sollst du erlöset sein!

Kling, klang, gloria!
Wir fahren in den Maien
durch Feld und Wald und grünes Tal.
Ein König wird dich freien.
Mägdlein zart, Mägdlein fein,
morgen soll die Hochzeit sein!

Ausführung
6 Kinder bilden mit eingehakten Armen die Mauer um die gefangene Königstochter. Außen herum ein großer Kreis der übrigen Kinder. Der „Befreier“ bricht im l. Vers drei Steine aus der Mauer, die sich ihm anschließen; beim 2 Vers die übrigen drei Steine. Beim 3.Vers bilden der 1. und 6. „Stein“ ein Tor, durch das der Befreier die Königstochter herausführt. Bei der 4. Strophe schließen sich die „Steine“ paarweise dem Königspaar an. Zum Schluß „Hochzeitstanz“ (genaue Beschreibung: Rosentor).

Es gibt 2 Laiche, auf die viele unserer heutigen Kinderspiele zurückgehen:
1. den Laich von der Jungfrau „Maleen",
2. den Laich von der „Hinde im Rosenhag".

Zu 1: Jungfrau Maleen
Dieser Stoff ist wohl der verbreitetste von allen, die noch in Resten erhalten sind.[1]
Meist finden wir sie noch im Kinderspiel, also verstümmelt und zersungen:
„Tretet auf die Kette, daß die Kette klingt“ (Kettenspiel),
"so klar wie ein Haar, hat gesponnen (gelebet) sieben Jahr".
Im Märchen [2] wird die Jungfer Maleen von ihrem Vater dazu verurteilt, 7 Jahre lang eingemauert im Turm zu leben, weil sie einen Königsohn heiraten wollte, der ihm nicht angenehm war.

"Die Schöne hat sich umgedreht"
(Kettenspiel, Goldene Brücke, Nr. 91)
„Machet auf das Tor“.

Hüsing [3] führt 2 Spielformen der Kinder an:
a. In der Mitte sitzt ein Kind; sein Rock wird von den andern hochgehalten (Holzrock oder das moosbewachsene Gehäuse des "Moosfräuleins"), oder aber bilden die Spieler eine Mauer oder Dornenhecke.
Ein Kind, das den Befreier vorstellt, schreitet um den Kreis und schlägt nach jedem Stollen die erhobene Hand eines Spielers herab, der sich ihm anschließt (vgl.oben:" l. Stein, 2. Stein, 3. Stein: bald sollst du erlöset sein!): Auflösung des Kreises.

b. In der Mitte steht kein Einzelspieler. Die Handlung fällt dem ganzen Kreis zu: Eines nach dem andern dreht sich um (Kettenspiel).

Otto Schmidt: [4] „Im Laiche von der Jungfrau Maleen wird das Ganze von Reigen und Einzelspielern gesungen, getanzt und gespielt. In der Mitte des Kreises steht der Turm, dargestellt von einigen Mitspielern. Im Turm eingeschlossen, verborgen, verhohlen, ist die Jungfrau Maleen. Diese Maleen des Laiches aber hat ein Doppelgesicht: vorn ist sie schön, und hinten trägt sie eine häßliche Maske. Die Schöne und Häßliche sind also in einer Gestalt vereinigt. Wer alte Bauernkunst kennt, denkt an die uralte Maske „Alt-Jung“ der Fastnachtsspiele oder an die Doppelmasken der Perchten“. Die Pongauer Schönperchten werden umschwärmt „vom bunten Gelichter der Schiachen.....

[1] Hüsing, 56
[2] Karl von Spieß u. Edmund Mudrak, Deutsche Märchen - deutsche Welt, Berlin 1939, 191 f.

[3] vgl. 70
[4] So z. Tanze führ. ich dich, Kampen auf Sylt, 1934, 20

Die Schönen und die Häßlichen, abschreckend wild und grotesk oder schier überirdisch und glänzend: Beide gehören zusammen, so wie auch das Leben und die Natur nicht nur helle und heitere Stunden haben. Ihre gemeinsame Einkehr ist es, die den Segen bringt für das kommende Jahr".[1]

„Altes bäuerliches Brauchtum erscheint plötzlich in viel weitgreifenderen Zusammenhängen, denn die Perchten oder Berchten sind ja Verwandte der Frau Berchta, der Verborgenen, oder aber der Verhohlenen, der Frau Holle" (Schmidt).

Am Südportal des Wormser Domes steht die „Frau Welt (Werlt, einst gleichbedeutend mit Zeit). Sie ist vorne schön, auf der Rückseite kriechen Kröten und Gewürm. Hier ist also auch die Vorstellung von der Zeit als einer Gestalt, die hell - dunkel, Werden und Vergehen zugleich verkörpert. „Wie die Frau Holle, so ist auch die Jungfrau Maleen die zwiegesichtige Norne; mit ihr verknüpft sind der Menschen Glück und ihre dunkle Not". [2] (Vgl. Goldmarie und Pechmarie, deren Schicksal von Frau Holle entschieden wird.)

Jener Gegensatz hell - dunkel spielt in der Märchenwelt eine bedeutsame Rolle, vgl. all die Märchen von der „falschen und echten Braut" : lnhalt vieler Reigen.
Die Ein- oder Zweizahl ist oft erweitert; auf drei 3 Nornen = Parzen, von denen es heißt: Die eine spinnt den Lebensfaden, die 2 sitzt am Webstuhl der Zeit, die 3. schneidet den Faden ab.
Fast immer jedoch bleibt die Verteilung 1 : 2 bestehen, d. h. eine schöne gute und zwei böse häßliche Gestalten (Aschenputtel), oder umgekehrt „Im letzten handelt es sich immer um jene Zweieinheit. [3]

Zu 2. Hinde im Rosenhag (Dornröschen)
2. Es ist im Grunde genommen die Geschichte von Siegfried und der Walküre. „Dieser Stoff steht im Mittelpunkt der deutschen Laichentwicklung und darf als ursprünglich einer der heiligsten gelten, denn er ist gegenüber dem Nibelungenlied und dem Liede vom hürnenen Seifried die volkstümliche deutsche Überlieferung und als solche echter als selbst das Märchen vom Dornröschen". [4]

Die Jungfrau liebt einen Göttersohn, entfacht damit die Eifersucht des Vaters. Auf Befehl des Vaters soll sie den Geliebten fällen. Sie sucht jedoch dessen Gegner zu töten, ohne zu wissen, daß sich in dieser Gestalt ihr Vater verbirgt.
In eine Hinde verwandelt (vgl. die vielen Tierverwandlungen im Märchen), wird sie vom rächenden Vater gejagt und auf einen Scheiterhaufen gelegt, in anderen Fassungen mit einem Flammenring, der Waberlohe, oder einem Dorngebüsch umgeben.

Schmidt weist darauf hin, „daß auch eine unendliche Zahl von Volksliedern Erinnerungen, und zwar äußerst klare und deutliche, an den Laich bewahrten, ähnlich wie das Märchen als Erzählung und der Reigen sogar noch in der Dreiheit der Künste: Gesang, Tanz und Spiel". [5]

Er führt vor allem eine Reihe " Jägerlieder " an, z. B:
Es blies ein Jäger wohl in sein Horn,
Es wollt ein Jägerlein jagen.
In allen diesen Liedern wird immer ungefähr dasselbe erzählt: *„Der Jäger traf ein edles Wild, frisch, hurtig und geschwinde"*. *"Es war ein edles Frauenbild"* und *„Der Jäger lacht in seinem Sinn, nach diesem Wilde jag ich hin"!*
Mit dem Jäger ist wahrscheinlich der „jungfrische Held", Siegfried, gemeint. „Vater" und „Freier" sind in der Vorstellung des Volkes zu einer Person verschmolzen. Otto Schmidt baut die Zusammenhänge noch weiter aus, sie würden hier aber zu weit führen.

Der Stoff von der Hinde im Rosenhag liegt auch in geistlicher Gestalt vor, wobei Maria der zu jagenden Hinde entspricht. [6]

Außer diesen beiden Laichen bringt Hüsing noch andere, von denen ich einige kurz erwähnen möchte:

Im **Schiffmann** (S. 16 ff.) finden wir die Vorstellung von der Fahrt des Toten ins Jenseits, wobei Wodan = 0din (Hagen = Freund Hein ist der Beiname des einäugigen Wodan), der Herr der Außenwelt, als Ferge auftritt.

[1] Wolfram, Die Volkstänze in Österr., 51
[2] Schmidt, 24
[3] Schmidt, 45
[4] Hüsing, 26, f

[5] Schmidt, 38
[6] vgl. Hüsing, 41

Abbildung 116

Die Kindervolkstanzgruppe des Trachtenvereins Dornhan.

Foto: Relinde Glück

Abbildung 117

Die Kindervolkstanzgruppe Frommern

Foto: Steffen Urtel

Das Schloß in Österreich, ist der Vorläufer zu Schäferliedern: (Seite 22 ff)

Ach Herre, liebster Herre mein,
wollt mir den Sohn freigeben!
Dreihundert Gulden solln euer sein
wohl für des Knaben sein Leben.

Dreihundert Gulden, die helfen euch nicht,
der Knabe, der muß sterben!
Er trägt von Gold eine Kette am Hals.
die bringt ihn um sein Leben.

Vgl. dazu den Text eines Bösinger Tanzliedes (= Heimatblätter vom oberen Neckar, Nr. 21, 1926, 277 f):

Es reitet ein Edelmann über die Brück
und reitet dem Schäfer ein Schäflein zurück: Ade und juhe und ade

Der Edelmann zog sein Hütle herab
und wünscht dem Schäfer ein guten Tag.

Ach Edelmann, laß dein Hütle nur stehn!
Ich bin nur dem armen Schäfer sein Sohn.

Bist du dem armen Schäfer sein Sohn
und ziehst in Sammet und Seide davon?!

Was geht das den lausigen Edelmann an!
Wenns nur mein Vater bezahlen kann!

Den Edelmann faßt ein grimmiger Zorn.
Er warf den Schäfer über Hecken und Dorn.

Ach Edelmann, laß mein Sohn beim Leben!
Ich will dir sechshundert Schaflämmer geben.

Sechshundert Schaflämmer ist gar kein Geld.
Dein Sohn muß sterben in weiter Welt.

Ach Edelmann, laß mein Sohn beim Leben!
Ich will dir meine älteste Tochter geben.

Deine älteste Tochter, die mag ich nicht,
die isch bucklig und kropfig und sonst nicht hübsch

Als Sechstritt aufgezeichnet von Hermann Kimmich.

„Der Laich, zumal der 2.Teil (s.Text: Es steht ein Schloß in Österreich), ist in reicher Entwicklung von Spielformen erhalten und war mindestens im 15. Jahrh. bereits bekannt" (Hüsing, 25).

Walbertsnacht (S.50 f) Walbert ist wiederum die Hinde, wird vom Jäger Wodan, später vom Teufel verfolgt und auf den Blocksberg gefesselt.
„Die 9 letzten Nächte vor dem 1. Mai sind die Walbertszeit, in der nach der heutigen Meinung die Herren den Schnee wegtanzen". Am Brocken ist die Nacht zum 12. Mai die Walpurgisnacht. „Die Heldin der heutigen Sage ist natürlich trotz aller Veränderungen in Einzelheiten die Heilige des Mythos, in unserem Falle also die heilige Walpurgis, die Walküre, die in Walhall den Zechern den Met schenkt; und die Hölle ist ja nichts anderes als Helheim, die Außenwelt...
Gerade zur Gestalt der „Hinde" gehört eben die Helfahrt, die oft auch einVerschwinden im Wasser ist".

Diese Vorstellung begegnet uns im Laich:
Die schöne Agnese (S.73 ff.).
Das Geschehen spielt in zwei gegensätzlichen Welten, der Innen- und Außenwelt, die verbunden sind durch die Brücke (in vielen Märchen auch durch den Brunnen, das Tor oder einen finsteren Gang). „Diese Brücke steht an der gleichen Stelle wie sonst das Schiff, das die Toten in die andere Welt führt"

Ihr Zeichen sah sie am Himmel stahn:
Im Wasser sie sollt untergahn.

Denselben Stoff behandelt die Ballade von der schönen jungen Lilofee.

Noch einige Gedanken aus **Hüsings** Buch. Im Vorwort sagt er: „Der Singtanz, der Laich ist es gewesen, aus dem von arischer Urzeit her alle redenden Künste sich entwickelt haben".

Die **Ballade** ist eigentlich ein Tanzlied. Bei der Betrachtung der Tanzballaden auf den Färöer Inseln (nordöstlich von Schottland) ergab sich z. B., „daß eine große Anzahl der noch heute von unseren Kindern gespielten Singtänze nichts anderes sind als heruntergekommene, meistens bis zur Unverständlichkeit zersungene Balladen". [1]

Der Laich muß sehr früh bekannt gewesen sein, denn wir finden Ähnliches bei Indern (lösten sich etwa 3000 v.Chr. von ihren arischen Bundesstämmen), Kurden und Persern, bei den südslawischen Völkern auf dem Balkan als **Kolo;** Rumänen, Neu- und Altgriechen kannten den Begriff **Chora**.

Die griechische Tragödie leitet sich von den Dionysospielen her. Hüsing zieht daraus den Schluß „Also wird zu Gesang (mythologischen Inhalts) und begleitenden Tänzen auch das mimische Spiel gehört haben". [2]

„Wir können den Eindruck gewinnen, daß unsere heutigen Märchen vom Laiche abstammen und nur dadurch entstanden, daß die Überlieferung immer mehr Stollen (ursprünglich gesungen) vergaß und durch Prosa ersetzte". [3]

Das gilt dann auch für das bei uns nur noch gesungene, nicht mehr getanzte **Heldenlied** (Siegfried - Nibelungenlied), **Epos** (Vereinigung von Heldenliedern) und **Heldensage** (wiederum Prosa an Stelle der gesungenen Verse).

Tritt beim Laich das Spiel zurück, so bleibt der „Singtanz" übrig, fällt das Singen der Tänzer noch weg, werden also die Tänzer von besonderen Sängern oder Musikanten mit Instrumenten begleitet, so erhalten wir die heute meist übliche Form des Tanzens. [4]

Wird diese Tanzmusik vom Tanz losgelöst und verselbstständigt, so haben wir die reine Instrumentalmusik vor uns. „Treten umgekehrt Tanz und Musik zurück, so erhalten wir unsere heute sehr verarmten und vernachlässigten Gesellschaftsspiele". [5]

Hüsing vermutet sogar, daß manche unserer Ball- und Turnspiele letzten Endes aus dem Laich hervorgegangen sind, z. B. Sackhüpfen (er führt dies aus beim „Laich von der blinden Kuh") und ähnliche volkstümliche Belustigungen. [6]

Sicher sind auch einzelne **Figuren** beim Volkstanz tiefer verwurzelt, als man annimmt.

Der **Kreis** stellt die älteste Stilisierung, die urtümliche künstlerische Gestaltung einer Bewegung dar. [7]

Die einfachste Bewegungsform des geöffneten Kreises, also der Kette, ist der **Schlängelreigen.** Spirale, Schnecke (Eindrehen und Auflösen der Kette), Mäanderformen und schließlich der Achter als Zeichen der Unendlichkeit sind „geordnete" Schlängelreigen. Bei **Tor** und **Brücke** sind es gleichzeitig 2 verschiedene Handlungen innerhalb der Gruppe, Durchschlüpfen und Torbilden.

Das ständige Schlingen und Lösen der Kette hat auch seine Entsprechungen im Paartanz: Die immer neuen Verschlingungen der Arme beim Ländler.

Zu diesen alten Figuren gehört auch die **Kutsche** oder das **Dreigespann** (1 Bursch, 2 Mädchen oder umgekehrt).

Im Kinderlied und im Laich von der Jungfrau Maleen heißt es: *Macht auf das Tor, es kommt ein goldner Wagen.*

„Wenn mitten im tiefsten Winter die Sonne ihren kleinsten Kreis zurückgelegt hat, dann fährt der Sonnenwagen auf seiner Reise durch das Osterdoor in immer größer werdenden Kreisen, bis er zur Sommersonnenwende den größten Kreis beschreibt".[8]

Dieses Tor ist wohl wieder die Verbindung von Diesseits und Jenseits, Innen- und Außenwelt (vgl. Brückenspiel, Brunnen im Märchen etc.).

---

[1] Hüsing, 1 f.
[2] Hüsing, 3 f.
[3] Hüsing, 6
[4] vgl. Hüsing, 8.
[5] Hüsing, 8.
[6] Hüsing, 122 ff.
[7] Hans .v.d. Au , D.Volkstanzgut i.Rheinfränk., 46
[8] Schmidt, 46

Abbildung 118

Kinder tanzen gerne!

Phantasie, Fröhlichkeit und Freude an der Bewegung sind „greifbar“ wenn Kinder miteinander tanzen.
Foto: Steffen Urtel.

Die Versuchung, überall tiefere Bedeutung hineinzulegen, ist natürlich groß.
Wir kennen weite Zusammenhänge und erkennen eine trotz vielfältiger Bilder und Gestaltungen einheitliche Vorstellungswelt: Der Mensch ist der „ständig sich wandelnden und doch immer sich gleichbleibenden Zeit“ [1] unterworfen; in Spiel und Tanz wird das „ewig sich drehende Zwiegesicht“ erlebt.

Auf der Titelseite des Klavierauszugs zur „Carmina burana" von Carl Orff finden wir - nun wirklich als Symbol dargestellt - jenes sich drehende Rad der Zeit, ln dessen Mitte die Schicksalsgöttin thront. Auf dem Rad der Mensch „regnabo", „regno", „regnavi“, „sum sine regno“. Im Werk selbst umspannen die beiden Schicksalschöre zu Anfang und am Schluß das Leben des Menschen (nur ein Ausschnitt dieses Lebens wird geschildert - Frühling, Trunk und Liebe): Er kann sich der Hand des Schicksals nicht entwinden.

O Fortuna,
velut luna
statu variabilis,
semper crescis
aut decrescis ...
sors immanis
et inanis
rolta tu volubilis,
status malus
vana salus
semper dissolubilis ...

Hüsing [2] spricht vom Zweck des Laiches: Das Wissen des Volkes, seine Lehre von Mensch und Weltall aufrechtzuerhalten und fortzupflanzen.

Über die einstige Ausführung der Laiche weiß man nicht genau Bescheid. Hüsing gibt zwar Anleitungen, hat auch vor 30 Jahren Laiche tanzen und spielen lassen. Meine Tante erzählte mir, es sei eine Art „Weihespiel“ gewesen. Heute ist mir jedoch nichts mehr von derartigcn Aufführungen bekannt.

Oben wurde erwähnt, daß der Laich im weltlichen Reigen eine Fortsetzung fand. Otto Schmidt [3] sagt im Vorwort seiner Reigensammlung:
„Es ist leider so, daß vieles nur noch in der Form vorliegt, wie die Kinder es bewahrten... Bei vielen Reigen aber ist es klar, daß sie nicht von Kindern, sondern von Erwachsenen getanzt werden müssen.
Es dürfte immer komisch berühren, wenn ein Schulmädel von 8 Jahren singt: „Wo ist denn der Liebste mein?“
Doch ist gerade beim Kinderlied ein unbewußtes Vorherrschen von Liebesmotiven festzustellen, auch wenn sie in der Sphäre dieser ungespaltenen (naiven) Welt nicht begriffen werden“. [4]

Als Kinder tanzten wir mit Vorliebe: Grünes Gras, grünes Gras unter meinen Füßen. Schmidt [5] führt nun dieses Spiel auch in seiner Reigensammlung an:

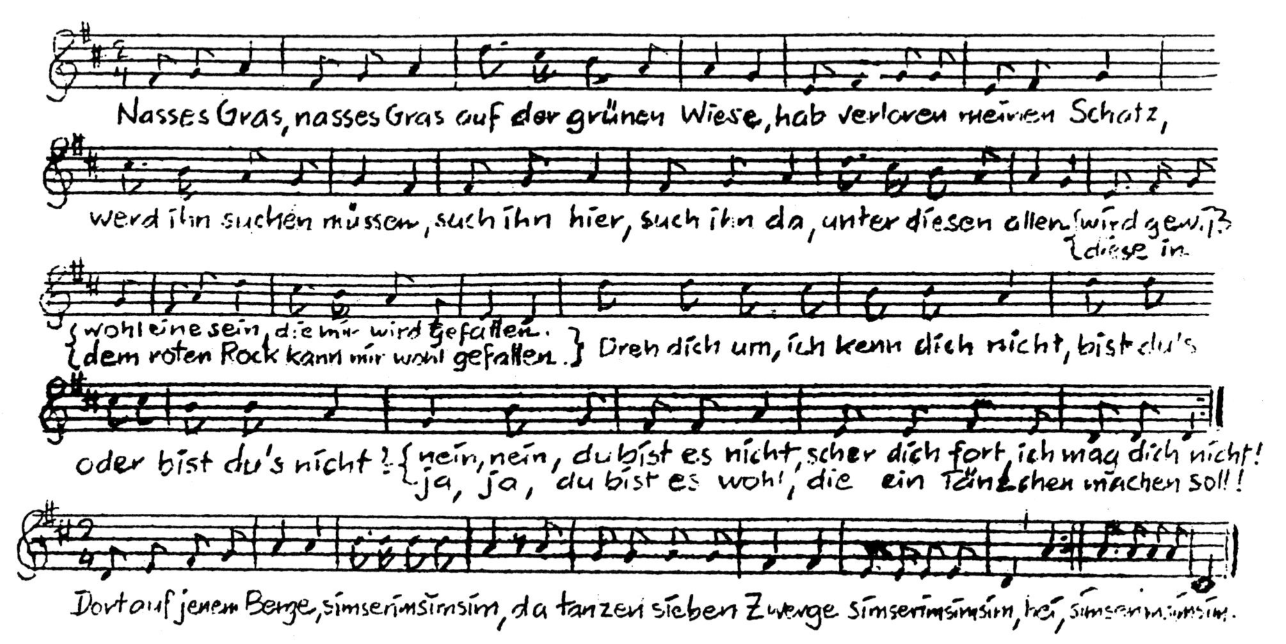

[1] Schmidt 47

[2] 13
[3] 6
[4] Ruth Lorbe, 137
[5] 14ff

Ausführung:

T	1 - 8	2 Kreise, außen: Tr u. Tin m.gefaßt Händen. innen: Tr (bei der Wiederholung Tin mits.) ohne Handfassg gegens.
T	9 - 12	Tr innen deuten das Suchen m.entsprechenden Gebärden an.
T	13 - 16	Wählen: Bei "gefallen" bleiben alle stehen, Tr innen stehen mit dem Rücken zur Kreismitte vor d. erwählten Tin.
T	17 - 20	Drehen: Tin dreht sich unter d. erhobenen Rechten d.Tr 1 x mitssonnen herum.
T	21 - 24	Abwehr: Tr macht abwehrende Bewegungen mit den Händen, Tin kehrt sich weg.

Wiederholung.

T	1 - 12	= 1-12
T	13 - 20	=13-20 (Wählen und Drehen)
T	21 - 24	Tr faßt die gewählte Tin an beiden Händen und zieht sie etwas herein in den Innenkreis.
T	25 - 40	Wirbeln: Die Paare innen tanzen mit gefaßen Händen m. kleinen Laufschr. um den gemeins. Mittelpunkt. D.äuß.Krs.klatscht dazu in die Hände.

Tanz von vorne. Die gewählten Tin tanzen jetzt innen (Text entspr.ändern)

Im Laich waren Einzelspieler und Gesamtkreis oder -chor aufgetreten. „Jene Teile des Laiches, bei denen alle mitwirkten, bilden den Grundbestandteil auch der Reigen ... Nun hat aber jeder im Ringe Mitspielende in sich den Drang und den Wunsch, auch einmal ... dem Helden, dem Manne oder der Frau zu gleichen, die durch Leistung, Seelengröße, durch Glück oder Not aus der Gemeinschaft herausragen.
So wurden allmählich jene Teile des Laiches, in denen nur der Held und die Frau, der Liebste und das Mägdlein u. a. als Träger der Handlung sangen, tanzten und spielten, von allen dargestellt und gesungen. In dieser Form, die einen vollständig gebundenen 1. Teil und einen in den Tanz einzelner Paare sich auflösenden 2. Teil kennt, sind uns die meisten Reigen überliefert (Schmidt, 10 f) ... Die ersten Stollen von „Nasses Gras" sind Teile jener Verse, die beim Laiche vom ganzen Kreis gesungen wurden. Der 2. Teil: „Dreh dich um" dagegen wurde einst gespielt von einzelnen. ... Nachdem das Verständnis für den tieferen Sinn des Laiches verlorengegangen war, vergaß man bald auch, daß es sich eigentlich bei der Wahl beide Male um dasselbe Mädel handeln müsse ... Daß dieses Tänzchen aber eigentlich der Hochzeitstanz der Jungfrau Maleen vgl. Kinderspiel Ting, tang, Tellerlein) ist und daß das 1. Mädel der häßlichen, das 2. der schönen Maleen entspricht, das ist uns nunmehr wohl wieder klar und einleuchtend“. [1]

Die obengenannte Form des Reigens: Großer Kreis und Einzelpaartanz, findet sich in abgewandelter Weise bei vielen Volkstänzen.

Dem 1. gebundenen Teil entspricht ein Teil mit einer oder mehreren Figuren, die mit einem bestimmten Partner oder in ständigem Partnerwechsel getanzt werden. Im 2. Teil wird dann auch hier ein Rundtanz ausgeführt, je nach der Musik mit Walzer-, Polka-, Dreher-, Spindelschritten (letztere bei internationalen Volkstänzen und neuen Gemeinschaftstänzen vorkommend). Die „rounds“, eine Gruppe der englischen Kontratänze, zeigen noch ganz das Wesen des Reigens: Ständiger Wechsel von ganzem Reigen und Paartanz. (Die Kontratanzfiguren haben große Ähnlichkeit mit denen der Kettenschwerttänze, z. B.. Kreise, Achter, durchs Tor laufen ...)

Ein Rest des alten Reigenprinzips findet sich heute noch im Ausdruck: „Nicht aus der Reihe tanzen", d. h., die Paare sollen sich möglichst auf der Kreisbahn bewegen.

[1] Schmidt, 20 f.

In der 1. Und 2. Klasse der Grundschule war bei uns auch der Kirmesbauer (Schmidt, 60 f.) beliebt.

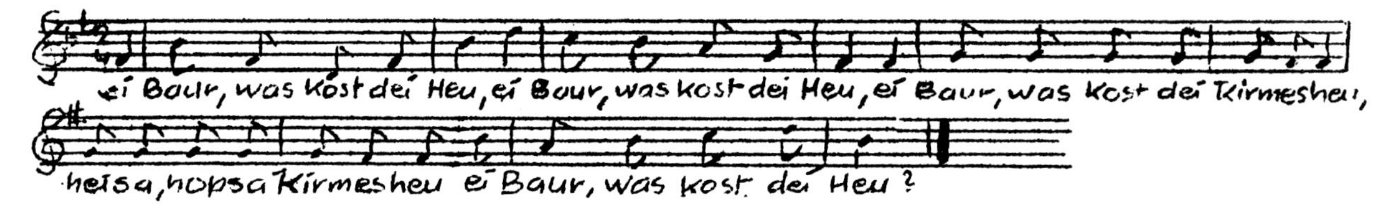

2. Mei Heu des kost en Taler
3. Er holt sich eine Frau u.f. 1 Kind, Knecht, Magd, Hund, Katze

Ausführung:
Großer Kreis geht mitsonnen. In der Mitte spielt einer den Bauer, der sich nach und nach Familie, Gesinde und Tiere aus dem äußeren Kreis wählt.
Beim Schlußvers: *Da warn sie alle froh*
fassen sich die Spieler im innern Kreis an den Händen und tanzen mit Hüpfschritten in der Gegenrichtung zum äußeren Kreis.

In die Gruppe der „nachahmenden" Kinderspiele gehören noch weitere:

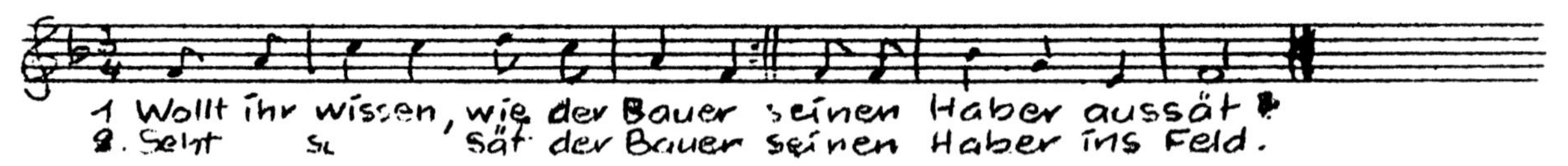

Es folgen nun nacheinander die Arbeiten: Eggen, Abmähen, Binden, Heimführen, Ausdreschen, Verkaufen. Alle Kinder stehen dabei singend im Kreis und führen die zugehörigen Bewegungen aus.

In ähnlicher Weise werden andere Lieder dargestellt
Wer will fleißige Handwerker sehn?
Wollt ihr wissen, wie's die kleinen Mädchen machen?
(vgl. das französische Liedchen: „Sur le pont d' Avignon")
Zeigt her eure Füße!

Die Zahl der Kinderreigen ist unendlich groß. Viele Kinderlieder werden getanzt, sei es auch nur durch einfaches Gehen im Kreis.
Oben wurden die Tanzballaden auf den Faröer Inseln erwähnt. Dort finden wir diesen einfachsten Ringelreihen noch als Tanz der Erwachsenen. Sicher ist es eine der ursprünglichsten Formen des Volkstanzes überhaupt.
Lucas Debes [1] beschreibt diesen Tanz 1673 „Die Einwohner der Färöer sind zu unnützem Zeitvertreib und eitler Lustbarkeit nicht geneigt, sondern begnügen sich meistens damit, den Tag über Psalmen zu singen. Allein auf ihren Hochzeiten und während der Jultage erfreuen sie sich an einem einfältigen Tanze, in einem Kreise einer des andern Hand erfassend und einige alte Heldenlieder singend". Müller-Blattau (S.13) äußert sich dazu: In dieser getanzten Form, in der die Schritte vor und zurück einfach den Hebungen entsprechen, haben sich dort alte Heldenlieder mit ihren Weisen bis an die Schwelle der Gegenwart erhalten. Eines dieser Lieder ist der Sigurdreigen nach Walther Hensels Übersetzung:

[1]zit.b. Böhme I,14

Auch andere färöische und isländische Heldenlieder wurden mit demselben Kehrreim gesungen, der - vom ganzen Chor gesungen - „in für uns oft befremdender Schroffheit den Fortschritt der Handlung immer wieder durch das Festhalten eines Gedankens oder Bildes unterbricht". (Hüsing), z. B. Brünhilde (Böhme I, 231)

Ich hab ein Lied vernommen,
man sang's einst weit und breit,
das pries der Vorzeit Helden,
pries König Budlas Zeit.
Refrain: *Grani trug Gold ...*

Es war in alten Tagen
ein König hehr und reich,
er hatte eine Tochter,
der kein an Schönheit gleich.
Grani trug Gold ...

Högni-Gudrun (Böhme I, 231):
Gudrun verweilt im Junka-Schloß,
versenkt in Gram und Not;
kein Edling, sei er noch so kühn,
gewann ihr Herz nach Sigurds Tod.
Refrain: *Grani trug Gold.....*

„Wir dürfen annehmen, daß die Sagen von den Amelungen, von Dietrich von Bern, vom Franken Siegfried und den Burgunderkönigen, kurz alle dereinst historisch gewesenen Lieder der germanischen Stämme in ältester Zeit zu ihrem (der Deutschen) Tanz gesungen wurden". [1]
Wahrscheinlich wurden bei Festen auch die Lieder der Göttersage zum Tanz gesungen, „im Inhalt je nach dem Zwecke des religiösen Festes verschieden: Anrufung der Götter und Erzählungen aus der Göttersage". [2]
Ich meine, hier sind wir wieder beim „Laich" angelangt, dem kultischen Reigen mythischen Inhalts, von dem Bruchstücke im Kinderreigen enthalten sind. Wie schon des öfteren bemerkt, wurden die heidnischen Bräuche bei der Einführung des Christentums nicht plötzlich aufgehoben. So entriß man auch den Neubekehrten zunächst nicht die altgewohnten religiösen Tänze. Böhme führt sogar den Namen „Chor" bei Kirchenbauten auf die heiligen Tänze der Priester zurück.

Anfang zweier Hymnen, von Geistlichen getanzt. (Müller-Blattau)
Es waren feierlich geschrittene Reigen. „Als solche haben wir uns die 743 von Bonifatius verbotenen Chorreigen der Mädchen vor und in der Kirche zu denken, die ein Überbleibsel der noch nicht vergessenen heidnischen Opferreigen der Germanen waren". [3] Laich ist dieselbe Bezeichnung: Tanz und Opfer.
Doch darf man die einstigen heidnischen Kult- und Opfertänze nicht als einzige Wurzel der mittelalterlichen religiösen Tänze betrachten. Vermutlich kannte bereits das frühe Christentum den religiösen Tanz. Waren doch die ersten Verbreitungsstätten des Christentums umgeben von Ländern in denen Tanz üblich war. Griechenland und alle antiken Mysterienkulte. So berichtet z. B. die gnostische Johannesschau im 3. Jh. von einem Reigentanz am Vorabend von Jesu Martyrium und Christus als Vorsänger in der Mitte. Die letzten Zeilen der im Wortlaut erhaltenen gnostischen Hymne besagen: *Wer nicht tanzt, versteht nicht, was geschieht.* Darin spiegelt sich die alte Anschauung: der ganze Kosmos tanzt. Der Tanzende fügt sich in die bestehende Harmonie ein und kommt dadurch zu höheren Erkenntnissen. In den griechischen und hellenistischen Mysterienkulten kennt man den Tanz der Seelen. Im Tanz werden die Seelen der Ideenwelt sichtbar.

Bei Clemens von Alexandria (150 - 211 n. Ch.) haben wir vielleicht Zeugnis für die Aufnahme von Tänzen auch in die christlichen Mysterien:
„Dies sind die Orgien (Opferweihe) meiner Mysterien. Engel werden tanzend gegenwärtig".
Es handelt sich vielleicht um feierliche Reigen der Neu- und Eingeweihten um den Altar.

---

[1] Böhme I, 230
[2] Böhme I, 232
[3] Böhme, 148

Im 4. Jahrhundert spricht eine Predigt von einer Handlung der Gnade, welche die Liebe Gottes widerspiegelt: Tänze an den Gräbern der Heiligen und Märtyrer und in der Kirche.
Dic Überlieferung dazu findet sich in Spanien und bei der Echternacher Springprozession alljährlich am Pfingstdienstag zum Grabe des Heiligen Willibald (Schutzheiliger der Friesen ✦ 739)
Schon im 11. Jahrh. wurde der Heilige wahrscheinlich tanzend verehrt. Berichte aus dem 16. Jahrhundert sprechen von „Beteiligung der Männer".
1952 gab es ca. 20.000 Teilnehmer
1954 gab es ca. 40.000 Teilnehmer,
davon nahm etwa die Hälfte als „waschechte Pilger" am zweistündigen Springen teil, im wahren „Echternacher Pilgerschritt" 3 Schritte vor, 1 Schritt zurück.

Abbildung 119
„Der Totentanz - Basel"
Holzschnitt 16. Jahhundert.
Landesbibliothek Stuttgart

Der Totentanz

Im 13. Jahrhundert fand der pantomimische Reigen bei den Mysterien- und Heiligenspielen wieder Eingang in die Kirche: Biblische Begebenheiten und Geschichten sollen dem Volk nahegebracht werden. In diesem Zusammenhang ist der Totentanz zu erwähnen.
Der Tod als Knochengerippe oder Sensenmann führt einen Reigen von Menschen jeden Alters, Geschlechtes oder Standes an.
Seit dem 4. Jahrhundert nehmen besonders bei den Vigilien Auswüchse und Ausschreitungen überhand. Es folgt eine lange Reihe von kirchlichen Verboten und Konzilsbeschlüssen. Die Kirche gibt vielen Bräuchen eine neue Zielsetzung. Alte Elemente mußten weiterentwickelt werden, denn die Volksfrömmigkeit ist ein Wurzelboden, aus dem heraus erst rechte Frömmigkeit möglich ist.

Abbildung 120

Tod und Spielmann

Aquarellkopie: Der Todtentanz auf dem Prediger Kirchhof zu Basel 1773. Aquarell. Bild mit Text 24 x 18,5. Öffentliche Kunstsammlung Kupferstichkabinett Basel. Inv. 1886.9 . Skb.A48g fol 35. Foto: Martin Bühler.

Abbildung 121
Totentanz

Elli und Kurt Wager beim Totentanz, einem Mysterienspiel, das Alois Johannes Lippel zusammengestellt hat.

Kurt Wager hat der Volkstanzbewegung in Baden - Württemberg nach dem Krieg wesentliche Impulse gegeben.

Bild: Wulf Wager
Textinformationen:
Hartmut Wager

Julbräuche weisen hin auf die Zeit der Ernte und auf erhoffte Fruchtbarkeit: Tanz mit der letzten Garbe. Zugleich ist es aber Totenfest. Totenbräuche sind häufig mit tänzerischem Ritual verbunden.
In Niederösterreich ist das Tanzen in der Kirche während der Totenwache bis in jüngste Zeit überliefert.

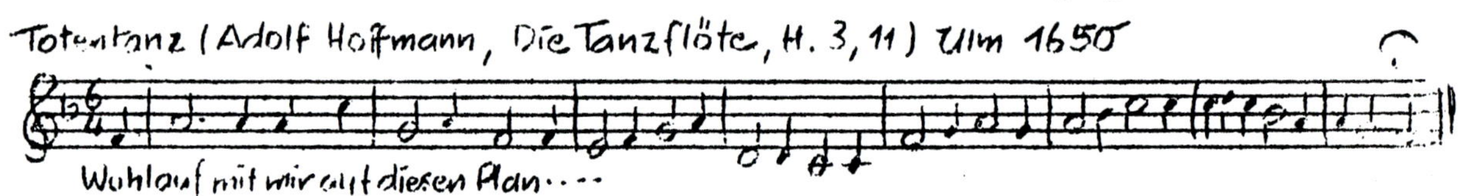

Ein Rest der geistlichen Schauspiele ist wohl auch das **Kindlwiegen,** „mit rührend innigen Liedern wurde einst das Kind in der Krippe gewiegt, die in der Kirche aufgestellt war. Auch hier schwang sich in früheren Jahrhunderten (in Tirol bis ins 19. Jahrhundert hinein, in der Bonner Gegend bis 1914) - der Reigen um das Jesuskindlein". [1]

Wir kennen den wiegenden, schwingenden Dreierrhythmus bei vielen Weihnachtsliedern. Im österreichischen Innviertel sind die Wiegenspiele schon aus dem 12. Jahrhundert bezeugt. In Sachsen wurden die Hirtentänze im 18. Jh. verboten. Aus der Tschechei sind Hirtentänze in Weihnachtsspielen überliefert.

Nach Müller-Blattau (S.76) reicht die Krippenverehrung in der christlichen Kirche vielleicht ins dritte Jahrhundert zurück. „Gesang, Reigen, dramatische Darstellung aber haben sich damit einzig in unserem Kulturkreis verbunden", das läßt darauf schließen, daß diese Art des Tanzens schon vorher verbreitet war.

„Die eifrigsten und tugendhaftesten Christen versammelten des Nachts sich vor den Kirchentüren in den Vigilien (Nachtwachen, nächtliche Andachten am Vorabend hoher Feste) und sangen Lieder und tanzten". [2]

Gerade die Nachttänze führten indessen bald zu Ausschweifungen. Ein berüchtigtes Beispiel dafür sind die Tänzer von Kölbigk. [3]

Am Weihnachtsabend 1020 tanzten 12 Jünglinge (deren Namen genannt werden - 1120 berichtet ein Franzose diese Legende mit deutschen Namen) und Mädchen während des Gottesdienstes auf dem Friedhof.

Sie rauben Ava, die Tochter des Priesters. Bovo ordnet den Reigen, Gerlef führt ihn an und beginnt das Lied:

Equi tabat bovo
ducebat sibi,
per silvam frondosam
Merswinden formosam.
Quid stamus? Cur non imus?
Wat stad wi? Wi ne gad wi?

Wiora weist darauf hin, daß dieser Ruf: „Quid stamus cur non imus" zu hören war bei der Tanzwut im Mittelalter. Kaiser Rotbart bittet Magnus, den Patron der Kirche, um ein Wunder. Die Tänzer wurden verflucht ein Jahr lang ihre gottlosen Tänze auszuführen. Äußerlich handelt es sich um eine Abschrecksage, wie sie gegen Tänze und heidnische Bräuche schon im 9. Jahrhundert aufkamen.

Eine Strophe ist erhalten! Handelt es sich um eine einmalige Strophe oder ist sie der Rest einer alten Tanzballade? Dann wäre dies der erste schriftliche Beweis einer deutschen Tanzballade.

Der Raub könnte eine rituelle Handlung gewesen sein: Die Tänzer hören nicht auf zu tanzen, sonst hat der Ritus keine Wirkung. Der Raub der Priestertochter erscheint als Rechtsakt, nicht als Rechtsbruch. Warum?

Hochzeitsbräuche und Ahnenkult sind oft verbunden, deshalb geschieht der Tanz zu nächtlicher Stunde auf dem Friedhof. Wir haben hier ein Beispiel der Identität von Brauch und Wirklichkeit. „Bovo ordnet den Reigen und wird gleichzeitig im Lied als Räuber genannt". Offenbar handelt es sich nicht um einstrophige Tanzlyrik und um keine allgemeine Tanzballade, sondern um ein festgelegtes Brauchtumslied mit feststehendem Gerüst, in das jeweils die Namen der Brautleute eingesetzt wurde.
(Vorlesung Richard Wolfram / Wien):
„Geschichte des Tanzes in Europa 1961 / 1962"

Solche Nachttänze können leicht zu Ekstase und schließlich zum Wahnsinn führen.

Die Art von Tänzen hatte auch nach der Einführung des Christentums weitgehend noch weltanschauliche Hintergründe. Dies und die Ausschweifungen (die Friedhofstänze wurden oft nackt ausgeführt) zogen kirchliche und obrigkeitliche Verbote nach sich. Wir beziehen die wichtigsten Kenntnisse über die Tänze des Mittelalters aus jenen Verboten, Urteilen und Predigten.

Daß die Kirche die religiösen Auffassungen und Formen des Tanzes bekämpfte, ist verständlich; sie förderte dadurch aber mittelbar die Verselbständigung seiner profanen Bedeutung, seine Verweltlichung zum bloßen Spiel und sinnlichen Vergnügen (Wiora). Für diese Loslösung aus den alten Sinnzusammenhängen ist bezeichnend, daß man seit dem 14. Jahrhundert eigens **Tanzhäuser** baute.

---

[1] Wolfram, die Volkstänze in Österreich 52
[2] Böhme I, 16
[3] Müller Blattau, 37

Schwabentanz

Wie in jener Zeit das Tanzen zu Auswüchsen führte, zeigt auch die Sage von einem großartigen, wunderlichen Chorreigen der Senner und Sennerinnen zu Greyerz im Kanton Freiburg / Schweiz. „Es soll im Jahr 1346 gewesen sein. (1349 ist der „Schwarze Tod", die Pest in Deutschland; zu dieser Zeit ist der Beginn der Tanzwut), als eines Sonntagabends auf der Wiese vor dem Schlosse des Grafen Peter von Greyerz 7 Personen einen Ringeltanz anhuben, die Choraula, wie sowohl der Rundtanz als das Reigenlied hieß.....So tanzten sie fort durch das ganze Sanenland hin, bis zu den anfänglich 7 zuletzt 700 Jünglinge und Mädchen, Männer und Weiber sich eingereiht hatten ... Aber der gute Graf Rudolf von Greyerz hatte vom oberen bis zum unteren Greyerzer Lande stets mitgetanzt und mitgesungen ... Alles, was der Zug unterwegs antraf, selbst Kinder und Greise, riß die Choraula über Berg und Tal mit sich fort, bald sich in eine lange Kette ausstreckend, bald sich wieder zusammen windend, bald unter den Armen der zur Rast dastehenden sich hindurchschlingend" ......[1]
Diese Schilderung zeigt, daß man unter Reigen nicht nur den geschlossenen Kreis versteht, sondern auch die Kette. „Die offene Kette aber neigt zur Schlängelbewegung oder sie dreht eine Schnecke ein und löst sie wieder auf, geht unter Toren durch (vgl. Schwerttanzfiguren): Die Kette steht in gerader Linie. Nun beginnt der Vortänzer - die andern nach sich ziehend - und schlängelt sich durch die Tore der erhobenen Hände aller hindurch.. ... Man kann auch in anderer Form durch sämtliche Tore der Kette gehen, indem man ständig kreist und nach jedem Durchgehen unter einem Tor den bereits in Bewegung befindlichen Teil der Kette einmal rundführt. So macht es eine kärntner und eine steirische Spielart des Schwabentanzes". [2]

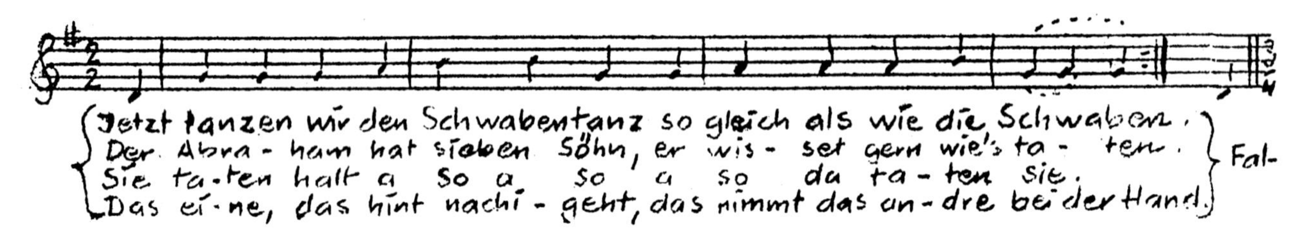

Der Tanz mutet fast mittelalterlich an. Die alte Form von Vor- und Nachtanz ist erhalten. In der Bewegung ist es ein Wechsel von Schreiten und Trippeln. Gewisse Ähnlichkeiten sind festzustellen mit dem Firlefanz in Melchior Francks musikalischem Grillenvertreiber 1662. [3]

Wiora [4] führt noch ein anderes Beispiel an. Der Text zeigt sehr anschaulich die Ausführung des Tanzes: Immer eine neue Person schließt sich der Kette an. - Schon damals waren die Schwaben etwas derb in der Ausdrucksweise.

---

[1] Böhme I, 149
[2] Wolfram, Die Volkstänze in Österreich, 88
[3] zit. b. Oetke, Aus der Entwicklung des Deutschen Volkstanzes 1954,54
[4] Walter Wiora und Walter Salmen, Tamnzmusik im deutschen Mittelalter
Sonderdruck aus d. Zeitschrift f. Volkskunde, 50 Jg. Heft 3 u. 4, 1953

Abbildung 122

Schwabentanz getanzt von der Volkstanzgruppe Frommern

Foto: Manfred Stingel

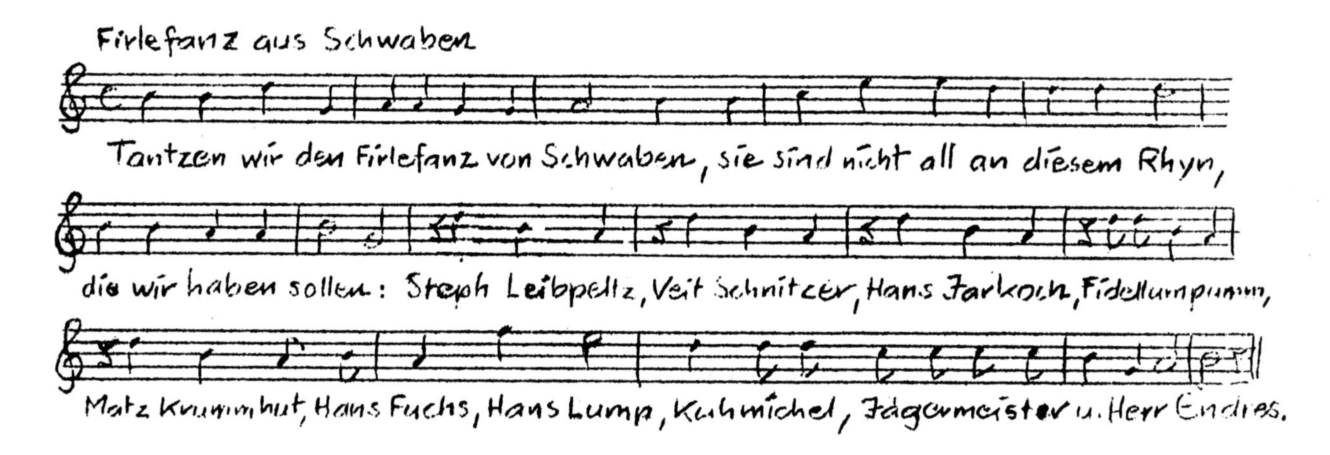

Im 12. Jahrh. wird der Tanz als Firlefei, im 13. Jahrh. als „rascher schwäbischer Tanz erwähnt“ (Oetke). Im österreichischen Beispiel hat sich sogar die alte Tanzform - Vortanz im geraden, Nachtanz im Trippeltakt - erhalten.

Im Luzerner Lande heißt dieser Tanz: Gäuerlen = durch das Gäu hindurch tanzen. „Noch vor 50 Jahren (um 1800) tanzten die Lausanner den Reigen abendlich unter den Kastanienbäumen des Münsters“. [1]

Ähnliche Kettentänze sind in Nordeuropa bei der Hochzeit üblich. „Im mecklenburgischen Rückelreih tanzen die Ledigen mit der Braut in einer Kette, die sich sofort zusammenrollt, wenn.die Verheirateten einen Angriff unternehmen, die Braut zu rauben“. [2] Häufig bildet der Langtanz auch den Abschluß der Hochzeit (Kehraus).

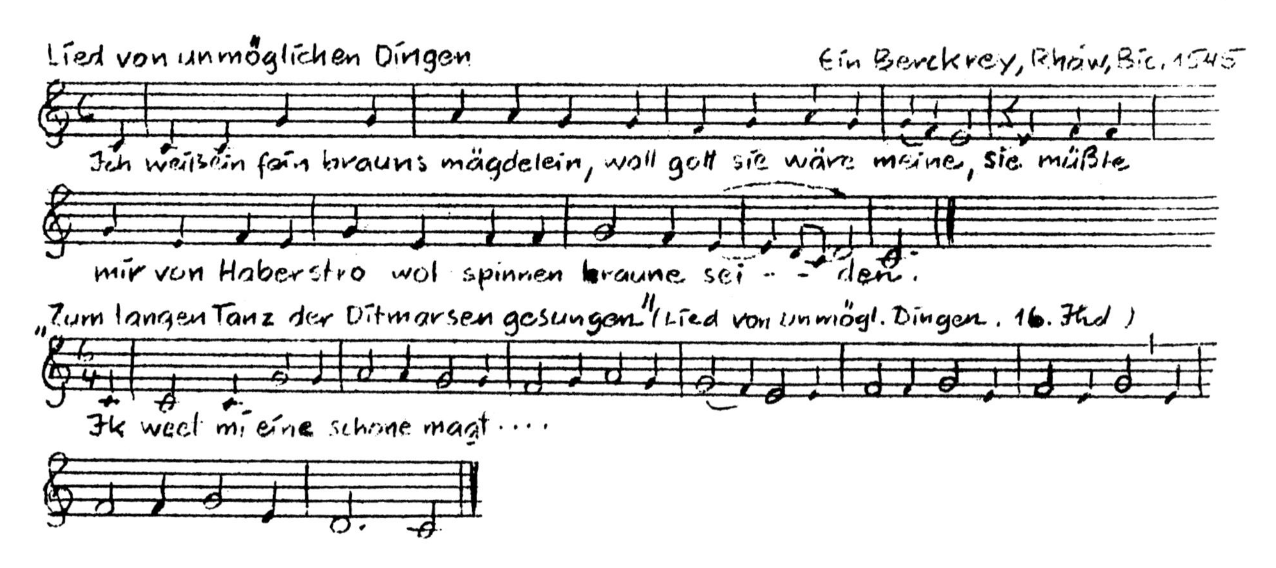

Vorsänger und Vortänzer werden erwähnt: „Wie sich nun der Vortänzer nach dem Gesange richtet, so richten sich die Nachtänzer und alle Personen, wessen Standes sie seien, nach ihrem Reigenführer in so großer Einigkeit, daß ein Vortänzer bis an die 200 Tänzer regieren kann ... Der ernste getretene Tanz sowie der ihm folgende Springtanz, beides Reigentänze ... gingen allgemein hier, wie in ganz Deutschland unter durch die Einführung und Bevorzugung des Paarentanzes, des Biparendanzes, darnach zwei und zwei tanzen, der in Schleswig erst um 1559 ... von Süden her Eingang fand, vorher aber bei den Dithmarschen ganz ungekannt war“. [4] Die Form des getretenen und nachher gesprungenen Tanzes (Vortanz 4/4, Nachtanz 3/4 Takt, in seltenen Fällen auch umgekehrt) hat sich lange Zeit auch beim Paartanz erhalten.

[1]Ernst Ludw. Rochholz, Alemannisches Kinderlied und -spiel aus der Schweiz, Leipzig 1852
[2]Wolfram, Die Volkstänze in Österreich, 120
[3]zit,b, Böhme I, 49 ff.
[4]Böhme I, 51

Den Schlängelreigen finden wir auch abgewandelt bei den englischen longways = der langen Reihe für beliebig viele Paare. Zwar werden Figuren ausgeführt, paarweise, meist in Beziehung zu einem zweiten Paar, dem Kontrapaar. Aber das Prinzip der langen Reihe, des Reihens oder Reigens ist doch gewahrt. Es ist ein Glück, daß sich die alte Art des Reigentanzes an vereinzelten Stellen bis in unsere Zeit erhalten hat. Erst so können wir uns ein anschauliches Bild vom Tanz in früheren Zeiten machen.

Wolfram [1] bestätigt die Beschreibung Böhmes vom Ketten- und Singtanz der Färöer: „Und was sie da noch singen! ... Von Sigurd, Brünhild, Kaiser Karl dem Großen... Nicht alle Texte sind alt, wohl aber die Überlieferung. Und diese ist so lebendig, daß auch die neueste Zeit unbekümmert einbezogen ist ..." Der Grundschritt des Tanzes ist ungeheuer einfach. Man schreitet zweimal mit dem linken Fuß aus und setzt den rechten dazu; dann einmal mit dem Rechten und setzt den Linken bei. Es entsteht also eine schwingende Bewegung des ganzen Kreises, der sich langsam mitsonnen bewegt. Wenn der Inhalt der Ballade aber dramatisch wird, beleben sich auch die Schritte. Es wird gehüpft und gestampft, aber immer im gleichen Rhythmus. Der Vorsänger selbst, der in einer Stube den vielfach eingebuchteten Ring der Tänzer führt, gerät in Begeisterung, das gemeinsame Erleben aller schwingt zusammen zu großartiger Eindruckskraft. Kein Wunder, daß die alten Sagen lebendig bleiben, wenn ihre Weitergabe in dieser Weise geschieht. Nächtelang können sie so singen und tanzen. Ein guter Vorsänger weiß so viele Lieder, daß es sein Stolz ist, ein und dasselbe im Jahr bloß einmal zu singen. **Thoinot Arbeau** bezeugt in seiner Orchesographie aus dem 16. Jahrh. diese Tanzschritte als Branle simple. (Böhme nennt ihn den Urtanz aller Nationen, d.h. ein mit Gesang und Spiel begleiteter Chorreigen, was in Deutschland Leich und Reigen hieß.) [2]

Wolfram fand dieselben Schritte bei griechischen Hirten, „und zwar nur beim Singtanz, nicht bei den Kettentänzen, die von Flöte und Trommel begleitet werden". [3] Zum Schwerttanz wurde und wird nie gesungen, die Begleitinstrumente sind häufig Flöte und Trommel, später in der rumänischen Hora, beim Vrdicki Kolo aus Kroatien, beim Zetsko Kold aus Montenegro und in einer Form des Ballo tondo von Sardinien. Es sind verwandte Bezeichnung; Hora, Kolo, Ballo, Chora. „Schließlich kam die Spur der Färöer-Schritte beim Singtanz auch an der bayrisch - tirolisch - vorarlbergischen Grenze im Allgäu zum Vorschein. Bis in die 60er Jahre des vorigen Jahrhunderts war in einzelnen Orten ... zur Sommerzeit das **Reihen** üblich.

Sonntagnachmittag nach der Kirche kamen die Ledigen zusammen und stellten sich paarweise auf. Durch Handreichen schlossen sie den großen Kreis. Gesang und taktfestes Armeschwingen begleiteten den Tanz. Dieser geschah in der Weise, daß jeder in leichter Bewegung 2 Schritte nach links machte, wobei nach dem 2. Schritt der rechte Fuß in der Schwebe blieb, um sofort einen Schritt nach rechts machen zu können, bei dem dann der linke Fuss in der Schwebe blieb für den Beginn der weiteren 2 Schritte nach links. Der ganze Kreis drehte sich im Tanz allmählich nach links, also genau wie auf den Färöern". [4](Vgl. Vor und Zurück des uralten Pilgerschrittes bei der Echternacher Springprozession: drei Schritte vor, ein Schritt zurück).

Bei seiner gründlichen Forschung fand Dr. Alfred Quellmalz in Bolsterlang und Isny alte Leute, die den **Roien** in ihrer Jugend noch selbst getanzt haben. Er war demnach bis 1905 - 1906 an einigen Orten des Allgäus noch im Gebrauch. Im August 1952 zeigte Dr. Quellmalz den Roien bei einem Volkstanzlehrgang an der Jugend- und Sportleiterschule Ruit bei Stuttgart. Kurt Wager, [5] der Leiter des Lehrgangs, berichtet darüber: „Mit ganz großer Begeisterung wurde diese neue Tanzform aufgenommen, weil wir einfach spürten, daß der Roien ganz zu uns paßt, daß er die Balladentanzform, der Laich für uns ist". Ich selbst habe den Tanz im letzten Jahr bei Volkstanzabenden im Jugendhaus Stuttgart kennengelernt. Zu Anfang war er mir fremd und ungewohnt. Er erfordert zunächst einige Konzentration: Alle Tänzer blicken zur Kreismitte und halten sich an den Händen die Arme hängen dabei lose herunter; mit den Beinen führt man einen Sechserrhythmus aus (s.oben); die Arme schwingen im Zweiertakt vor und zurück. Die Melodie hat meist Vierer oder Dreiertakt. Dazu kommt noch der Text des Liedes. Beherrscht man aber diese Gleichzeitigkeit verschiedener Rhythmen und bewegt sich wirklich frei und ungezwungen, so liegt ein feiner Schwung im Ganzen. Als Abschluß eines Übungsabends oder eines großen Tanzfestes eignet er sich besonders gut: Alle Tänzer schließen sich zum **grossen Ring** zusammen, **dem Abbild einer echten Gemeinschaft.**

[1] Die Volkstänze i.Österr., 89
[2] Böhme I,25
[3] Wolfram D.VT i.Öst., 90

[4] Wolfram D.VT i. Öst., 90 f
[5] AG der Sing-, Tanz- und Spielkreise in Baden Württemberg, Rundbrief 13, 1956

Abbildung 123
Roien

Auf der Freilichtbühne des Höhenparks Killesberg in Stuttgart fanden schon viele schöne Volkstanzfeste statt. Oft gab es zum Abschluß einen gemeinsamen Roien. Ein beeindruckendes Erlebnis für die Tanzenden und für die Zuschauer.
Bild: Walter Laue / Gertrud Kendel 1957

In Vorbereitung:

Volkstanz und Tanzlied der Schwaben:

Band II „Ton und Tanz“

Tanzschlüssel

1. Tanzrichtung **TR** Die Tanzenden bewegen sich gegen den Uhrzeiger (gegen die Sonne)

2. Tänzerin **Tin** steht, gewöhnlich zur Rechten des Tänzers **Tr.**

3. Ihr rechter Fuß **rF** und sein linker Fuß **liF** sind die äußeren Füße **AF**
Außen und innen ist jeweils von der Mitte des Paares aus gesehen.
Entsprechend: **rH, liH, aH, iH.**

4. Drehung eines Paares **rechts herum: mitsonnen, links herum: gegensonnen.**

5. Drehung eines Paares in geschlossener Fassung **rechts herum: mitsonnen.**
Drehung eines Paares in geschlossener Fassung **links herum:gegensonnen**.
Drehung eines Paares in Zweihandfassung oder eines beliebig großen
geschlossenen Kreises **rechts herum: gegensonnen, links herum: mitsonnen.**

Aufstellung:

im Stirnkreis

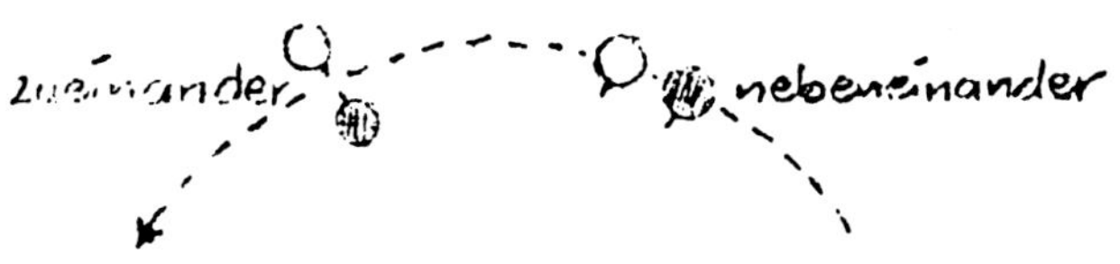

zueinander nebeneinander

im Flankenkreis

zu-einander nebeneinander

Fassungen:

Offene Fassung:	Tr faßt mit rH die liH der Tin.
Gewöhnliche Fassung:	Tr faßt mit seitwärts gestreckter liH die rH der Tin, seinen r Arm legt er um die li Seite der Tin. Tin legt die liH auf r Schulter des Tr, die seitwärts gestreckten Arme zeigen in TR.
Geschlossene Fassung:	Tr faBt Tin mit beiden Händen an den Hüften. Tin legt ihre Hände auf die Schultern des Tr.
Zweihandfassung	Tr faßt mit liH die rH der Tin, mit rH die liH der Tin.
Zweihandfassung ü. Kreuz	Kreuzfassung. Tr faßt mit rH die rH der Tin. mit liH die liH der Tin.
Rheinländerfassung:	Tin steht r seitlich vor Tr, die gleichnamigen Hände werden gefaßt und in Schulterhöhe gehalten, je nach Schrittrichtung li oder r seitwärts gestreckt, dann Gesicht zueinander.
Engwalzerfassung:	Tr faßt mit liH die rH der Tin und hält sie auf dem Rücken der Tin, sie faßt ebenso mit der rH die liH des Tr und hält sie auf seinem Rücken.
Hüft-Schulter-Fassung	Tr faßt mit rH die rH der Tin und hält sie an deren Hüfte, ihre liH liegt auf seiner r Schulter, seine liH in Hüftstütz.
Fassung bei den meisten Schwarzwälder Volkstänzen (nach Zoder)	liH der Tin im Nacken des Tr. Tr legt seinen Arm um die li Seite der Tin; die andern Arme im Ellenbogen etwas gebeugt und seitlich weggestreckt (Unterarm etwas aufwärts gerichtet); oder. die andern Arme im Ellenbogen stark gebeugt und die Hände in Brusthöhe zwischen den Tanzenden gehalten.

Schrittarten

Gehschritt: liF rF

Hüpfschritt = Hopser; einen F vorstellen und auf diesem nochmals aufhüpfen.

Nachstellschritt: Einen F vor oder seitstellen, den andern nachziehen.

Galoppschritt: rasch gehüpfter seitlicher Nachstellschritt.

Wechselschritt: Einen F vor- oder seitstellen, den andern nachstellen, den 1. F wieder vor oder seitstellen (auch Walzerschritt genannt).

Tupftritt: Einen Fuß vor- oder seitwärts und wieder zurücksetzen, ohne Gewichtsverlagerung.

Kreuztupftritt: 1 F "tupft" über den andern.

Wechselhupf: Springen in Schrittstellung, gleichzeitig den einen F vor-, den andern zurückstellen, dann umgekehrt.

Schwingschritt: Ein Bein schwingt über das andere, dann beistellen.

Mazurka-Schritt. 1,1: mit einem F vorwärts springen,
1,2: dann zurückspringen auf den andern Fuß,
1,3: auf demselben aufhüpfen.

Masollka-Schritt: = "gemäßigter" Mazurka-Schritt; statt des Hüpfers nur ein Federn im Knie.

Rundtänze

Walzer: Wechselschritt im Dreitakt li oder r herum.

Hüpfwalzer im Dreitakt: 1,1: Aufsetzen des Fußes,
1,3: Aufhüpfen auf demselben, während des Hüpfens drehen, dann dasselbe mit dem andern Fuß.

Hopser: = Hüpfwalzer = Hupftritt im 2/4 Takt.
1,1: Aufsetzen eines Fußes und Aufhüpfen auf demselben,
1,2: Aufsetzen des andern Fußes und Auf hüpfen auf demselben,
dazwischen Drehung (Rundtanz beim Rheinländer).

Schottisch = Polka im 2/4 oder 4/4 Takt: Wechselschritte auf 3 Zeiten, auf die 4. Zeit wird auf dem Standbein noch einmal gehüpft oder im Knie gewippt, dabei drehen. Die Drehung kann auch nur durch Hüftschwung auf dem Standbein ausgeführt werden.
Im Ries: Schottisch = Polka, Polka = Rheinländer.

Zweischrittdreher: = Dreher im 2/4 oder im 4/4 Takt. Rundtanz auf 2 Zeiten bei 2/4 T.
1,1: Einen F aufsetzen.
1,2: Auf demselben F Drehung ausführen.
Im Schwarzwald und Ries heißt der Dreher manchmal auch Galopp.

Dreischrittdreher **a. Mainfranken**
1,1 mit einem F auftreten
1,2 Drehen auf demselben,
1,3 den anderen nachstellen
b. Hohenlohe
1,1 mit einem F auftreten,
1,2 auf den anderen nachgestellten F auftreten
1,3 Drehen auf demselben
Im Ries beide Arten vom Fränkischen her eingewandert. Kann auch auf Melodien im 2/4 oder 4/4 Takt getanzt werden, es kommen dann abwechselnd li und rF auf den betonten Taktteil.

Folgenden Personen und Institutionen möchte ich herzlich danken:

Schweizerisches Institut für Kunstwissenschaft, Frau Elisabeth Senn
Landesdenkmalamt BW
Eiszeitmuseum Neuwied
Germanisches Nationalmuseum, Nürnberg
Württembergische Landesbibliothek, Graphische Sammlungen, Herrn Henning
Deutsches Volksliedarchiv in Freiburg
Hessisches Landesmuseum, Darmstadt
Württembergisches Landesmuseum, Stuttgart
Walter Laue
Stadtarchiv Rottweil, Dr. Winfried Hecht
Landesstelle für Volkskunde, Stuttgart
Jürg Gäbele und Rainer Mozer, Rottenburg
Gotthilf Bitzer und Kurt Witzemann, Zillhausen
Stiftung Schleswig-Holsteinischer Landesmuseen Schloß Gottorf, Archäologisches Landesmuseum
Stadtarchiv Ulm, Dr. Gebhard Weigh
Südwestpresse Ulm, Herrn Henning Petershagen
Familie Riedlinger, Schömberg
Gerhard Plescher, Schömberg
Stadtarchiv Nördlingen
Brath Mali Museum, Biberach
Walter Kögler und Jörg Christoph Pfisterer
Hans Peter Saile, Balingen
Stadtarchiv Immenstadt
Waltraud Schoch und Hildegard Ringwald
Heide Kalkoff, Gutach
Galerie Koller, Zürich
Relinde Glück, Dornhan
Doris und Wilhelm Mayer, Süssen
Sigrid Stingel
Stadtarchiv Ludwigsburg
Siegfried Bachmann, Sirchingen
Kurt Witzemann und Gotthilf Bitzer, Zillhausen
Jürgen und Emil Riedlinger, Schömberg
Erika Schäfer, Melanie Schäfer, Günter Schäfer, Dotternhausen
Giesela Eppler und Sebastian Zitzmann
Alwin Luppold, Streichen
Gerd Schneider, Balingen
Wilhelm Rösler, Sigmaringen
Germanisches Nationalmuseum, Nürnberg
Zentralbibliothek Zürich
Archiv de la Ville de Straßburg
Fotostudio Lauterwasser, Überlingen
Salzburger Landesinstitut für Volkskunde

Stadtarchiv Urach, Herrn Röhm
Anton Köcheler, Oberstdorf
Helmut Pfitzer, Markgröningen
Lydia Lazi, Stuttgart
Jürgen Bialek
Kupferstich Kabinett, Basel
Hartmut und Wulf Wager
Staatsgalerie Stuttgart
Steffen Urtel
Herrn Stefan J. Dietrich, Tübingen
Joachim Schmieg, Hans Georg Zimmermann
Schäfflergesellschaft Nonnenhorn
Animarie Hirschbach, Schwäbisch Hall
Städtisches Museum Ludwigsburg
Stadtarchiv Schwäbisch Hall

Sparkassen und Giroverband, Präsident Heinrich Haasis 

Land Baden Württemberg - Regierungspräsidium Tübingen

Oberschwäbische Elektrizitätswerke,

Ebenfalls vom Schwäbischen Kulturarchiv zu beziehen !

Ernst Eugen Schmidt

Sackpfeifen in Schwaben

mit Beiträgen von Georg Balling, Fritz Schneider und Manfred Stingel

PRESSE-STIMMEN:

Intrada / Schweiz

Bestechende Qualität. Eine riesige Fülle von hervorragenden Abbildungen. Sackpfeifen in Schwaben, ein Buch das alles bisherige zu diesem Thema in den Schatten stellt.

Südwestpresse:

Eine fast unglaubliche Vielfalt...

Badische Zeitung:

...erstaunliches Comeback

Stuttgarter Zeitung:

Ein weiteres Stück Kulturpflege.......

Reutlinger Generalanzeiger:

Ein sehr schön gestaltetes Buch

Zollernalbkurier

Das Buch vermittelt umfassende Erkenntnisse über die 500 Jahre alte Sackpfeifenkultur Schwabens.

Eine hervorragende Bildqualität, sowie die Fülle an Quellen und Literaturhinweisen runden das Werk ab.

Das Schwäbische Kulturarchiv
im Haus der Volkskunst in Balingen-Dürrwangen

Unsere Vorfahren haben uns ein reiches Erbe an schwäbischer Kultur hinterlassen.

Wir gehen nicht sehr sorgsam mit dieser in Jahrhunderten gewachsenen Kultur um.
Warum pflegen wir nicht, wie andere Völker und Regionen, voller Freude und Stolz die Musik, Tänze, Sprache unserer Altvorderen?

In unseren Medien gilt es als Mangel, wenn ein hier geborener Sprecher eine Dialektfärbung zu erkennen gibt. Unsere Schweizer Nachbarn sind da klüger und selbstbewußter.
Wo lernt man schwäbische Tänze, Lieder bzw. Sprache? Wie findet unsere Jugend Zugang zu der eigenen Geschichte?
Unserer Jugend bleibt unsere schöne schwäbische Kultur weitgehendst verborgen.
Zusammen mit einigen Freunden hat Manfred Stingel 1992 begonnen, Sammlungen von Tänzen und Liedern in einem Computer zu speichern. So ist das „Schwäbische Kulturarchiv" entstanden.
In diesem Archiv soll auf möglichst vielfältige Weise Heimat und Heimatgeschichte der Schwaben und der Schwäbischen Alb gespeichert und gesammelt werden.
Der große Vorteil des Computers ist der schnelle Zugriff auf Informationen.
Es soll versucht werden, dies an einem Beispiel deutlich zu machen.
In den seit 1889 lückenlos vorhandenen Blättern des Schwäbischen Albvereins steckt ein riesiger Schatz an Informationen über unsere Schwäbische Alb. Auf sehr vielfältige Weise ist hier unsere Heimat genauestens beschrieben.
Künftig entfällt das Suchen in dicken Büchern.
Will man Informationen über einen Berg oder eine Höhle, so gibt man den Namen ein und bekommt so blitzschnell alle Veröffentlichungen angezeigt. Dies ist ein sehr großer Vorteil gegenüber dem Suchen in dicken Büchern.
Bei Tänzen, Liedern und Musikstücken sind Noten, Tanzbeschreibungen und Quellennachweise gespeichert und man kann sich die Melodie bzw. das Lied oder Musikstück „per Mausklick" anhören.
Auch Abbildungen vom Häs der Schwaben (Trachtenabbildungen) sollen bzw. werden eingescannt. Künftig wird man sich die historischen Kleider der jeweiligen Orte und Städte auf dem Bildschirm ansehen können.
Fischers „Schwäbisches Wörterbuch" von 1901 soll als CD-Rom erscheinen bzw. im Schwäbischen Kulturarchiv-Computer enthalten sein.

Die Veröffentlichung der Quellensammlung in dem Buch „Sackpfeifen in Schwaben" durch das Schwäbische Kulturarchiv, zeigte im November 1997 zusammen mit der Ausstellung „Der Dudelsack in Europa" in Verbindung mit einem großen europäischen Dudelsackspielertreffen einen guten Weg auf, mit Heimatgeschichte umzugehen.
Vielfältiges Material und Aufgaben warten darauf, bearbeitet zu werden.

Interessant ist die Tatsache, daß der wohl wichtigste württembergische Revolutionär 1848 „Gottlieb Rau" aus Dürrwangen stammt. Sein Bruder Andreas war über 30 Jahre lang Bürgermeister im ehemaligen Rathaus Dürrwangen (heute Haus der Volkskunst).
Eine gute Gelegenheit für das Schwäbische Kulturarchiv im Jubiläumsjahr der Revolution von 1848 über Gottlieb Rau und sein Leben mit einem Buch von Prof. Dr. Paul Sauer zu informieren. Das umfangreiche Bildmaterial für das Buch hat Manfred Stingel zusammengetragen.

Der Schwäbische Albverein und die Volkstanzgruppe Frommern sind die Träger des Schwäbischen Kulturarchives, das im Haus der Volkskunst in Balingen-Dürrwangen untergebracht ist.
Beträchtliche Aufwendungen an Zeit und Geld für die Entwicklung der Software und die Beschaffung des Hochleistungscomputers wurden von ihnen bereits erbracht.
Ein vielversprechender Anfang ist gemacht.

Es ist eine große und schöne Aufgabe, die Hilfe von möglichst vielen Seiten braucht.

Dürrwangen, im März 1998 Manfred Stingel

Bild rechts:
Die Autorin Gertrud Kendel

Manfred Stingel
geboren 1944 in Balingen Dürrwangen, beschäftigt sich seit seinem 15 Lebensjahr intensiv mit Volkstanz. 1965 gründete er zusammen mit seiner Frau Sigrid die Volkstanzgruppe Frommern, die er bis zum heutigen Tag leitet und weiterentwickelt.
Bei 40 Gastspielreisen der Volkstanzgruppe Frommern in 25 Länder, die Manfred Stingel leitete, und bei Gegenbesuchen von über 80 Volkstanzensembles und Kulturgruppen aus aller Welt, konnte er sich einen hervorragenden Überblick über die internationale Volkstanzszene verschaffen.
Sein besonderes Interesse gilt dem schwäbischen Kulturgut. Er leitet das **Haus der Volkskunst,** das **Schwäbische Kulturarchiv** und ist Volkstanzratsvorsitzender des Schwäbischen Albvereins.
Neben der Entwicklung von Schwäbischen Choreographien zeichnet Manfred Stingel auch für die Initiative „Sackpfeifen in Schwaben“ und das umfassende Programm **Geschichte des Tanzes** verantwortlich.
Die Volkstanzgruppe Frommern gilt als eines der hervorragenden Ensembles des Landes mit ca. 150 aktiven Tänzer(innen) und ausgezeichneten Musikanten. Die Jugendarbeit der Volkstanzgruppe Frommern ist vorbildlich und wurde 1996 mit einem Preis des Landes Baden Württemberg ausgezeichnet.
Bei den Arbeiten für schwäbische Choreographien lernte Manfred Stingel die Arbeit von Frau Kendel kennen.

Gertrud Kendel

Da ist sie also nunmehr nach 40 Jahren sozusagen wieder zum Leben erweckt worden, in wunderbar farbigem Gewand jetzt, meine Zulassungsarbeit zum 1. Staatsexamen als Abschluß des Schulmusikstudiums 1958 in Stuttgart.
Das Thema „Volkstanz und Tanzlied" hatte sich so allmählich herauskristallisiert, Singen und Tanzen gehörte sozusagen seit langem „zur Familie". Mein Onkel Richard Hinz hatte zusammen mit Karl Horak schon in den Dreißigern Melodien und Tanzformen auf der Schwäbischen Alb aufgezeichnet und veröffentlicht. Mein Vater Adolf Kendel schrieb zur selben Zeit Klavier- bzw. Orchestersätze zu diesen und anderen Tanzmelodien. Diese Tänze gehörten mit zu meiner frühen Klavierliteratur. Später kam das eigene Tanzen hinzu: Volkstänze bei Richard Hinz und dann bei Kurt Wager, Englische Kontratänze bei Prof. Karl Marx (Musikhochschule Stuttgart). Es folgte die Teilnahme bei Lehrgängen des „Arbeitskreis für Tanz im Bundesgebiet" und bei mancherlei Tanzfesten. Für die Zulassungsarbeit mußte die ungeheure Vielfalt eingegrenzt werden., also „beschränkte" ich mich auf die **Schwaben.** Ich fand unveröffentliches Material im Volksliedarchiv Freiburg im Breisgau, bei Prof. Horak in Schwaz und beim Süddeutschen Rundfunk. Und wieder ergab sich eine solche Fülle, daß - eben auch als Prüfungsarbeit - eine Zweiteilung erforderlich wurde (siehe Vorwort 1958).
Über die Schwierigkeiten der Vervielfältigung in damaliger Zeit will ich nur kurz anführen: Eine damalige Freundin meiner Eltern, die gut Maschine schreiben konnte, kam viele Wochen lang jeden Abend nach der anstrengenden Arbeit als Chefsekretärin zu uns nach Rohr - mit der Straßenbahn natürlich - und schrieb hier meine Texte nach Diktat auf Wachsmatritzen; mein Vater, nachdem er den jeweiligen Notentext hinzugefügt hatte, kurbelte anschließend diese empfindlichen Blätter durch die eigene Druckmaschine. Beiden sei -in memoriam- nochmals herzlich gedankt.
Nach der Fertigstellung der Arbeit machte mir Prof. Dölker vom Ludwig Uhland Institut Tübingen, der auch ein Exemplar erhalten hatte, gleich den Vorschlag, das Ganze musikwissenschaftlich und kulturhistorisch noch etwas zu überarbeiten und dann als Doktorarbeit zu veröffentlichen. Also belegte ich neben meinem erforderlichen wissenschaftlichen Beifach (Französisch) noch Vorlesungen und Seminare in Musikwissenschaft und Volkskunde (heute Kulturwissenschaften). Nach dem 1. Studienjahr in Tübingen, bewarb ich mich beim DAAD (Deutscher Akademischer Austauschdienst) um ein Stipendium nach Wien, denn dort lehrte Richard Wolfram, **der** Sachverständige in Sachen **Tanz**. Ich hatte Glück, ein Jahr später durfte ich nach Wien reisen als Stipendiatin des DAAD, mit monatlich ca. 280.- DM. Neben intensivem Klavierstudium besuchte ich interessante Vorlesungen und Seminare in meinen 3 Fächern und beschloß bald, die Zeit für Musik und Kultur zu nutzen, anstatt das obligatorische große Latinum vorzubereiten.
Mein Vater schenkte mir ein weiteres Studienjahr in Wien. Diese 2 Jahre (1960 -1962) waren sicher mit die entscheidendste, weil vielseitigste und reichhaltigste Zeit in meinem Leben.
Zurück in Stuttgart mußte ich ins Referendariat für das Lehramt an höheren Schulen einsteigen. Wieder blieb keine Zeit für Latein. Schulehalten machte mir von Anfang an Spaß, aber ich brauchte viel Zeit für die Unterrichtsvorbereitung. Ein offenes Gespräch mit Prof. Dölker überzeugte mich, die „Promotion" besser doch fallenzulassen, da die „Arbeit" ja in verschiedenen Bibliotheken stehe und für wirklich Interessierte greifbar sei.
Und das war offensichtlich der Fall. Im Lauf der Zeit habe ich so manche Anfrage oder Zuschrift erhalten. Jetzt, dank der zündenden Initiative und dem unglaublichen Einsatz von Manfred Stingel, liegt also der 1. Band von „Volkstanz und Tanzlied der Schwaben" als wunderschönes, mit vielen zusätzlichen Bildern ausgestattetes Buch vor uns. Der 2. Band soll folgen; der im Vorwort 1958 angekündigte 3. Teil wurde nicht geschrieben. Ich denke, dieses „neue Buch", die lebendige Volkstanzpflege im Schwäbischen Albverein und speziell in Frommern, sind sozusagen die erhoffte und erwünschte positive Antwort.
So danke ich all den erneuten Helfern von ganzem Herzen und wünsche allen Lesern viel Spaß bei der Lektüre und beim Betrachten der so anschaulichen, eindrucksvollen Bilder. Vielleicht fangen auch Sie, liebe Leserinnen und Leser, an wieder zu staunen ob der Fülle von Zusammenhängen, Beziehungen und Verflechtungen innerhalb eines scheinbar so einfachen Themas.

Stuttgart - Rohr Gertrud Kendel
im März 1999

In Vorbereitung:

Gertrud Kendel

„Volkstanz und Tanzlied der Schwaben“ **Band II**

Ton und Tanz

Geplantes Erscheinungsdatum: Im Frühjahr 2000

Bild links

Schwerttanz der Volkstanzgruppe Frommern in Balingen

Nicolaus Damian geb. 1957 in Mühlbach, Siebenbürgen
hat auf Bitten der Volkstanzgruppe Frommern einige
Tanzmotive bildlich festgehalten. Der freie Künstler
lebt heute bei Freiburg. Sein Studium hat er an der Kunst-
akademie Klausenburg absolviert. Heute arbeitet er als
Grafiker, Illustration und Maler.